CODE MILITAIRE,

CONTENANT

TOUS LES DÉCRETS

DE L'ASSEMBLÉE NATIONALE,

Sanctionnés ou acceptés par le Roi,

SUR l'Organisation des Armées de Terre et de Mer.

QUATRIÈME PARTIE.

A PARIS,

Chez DEVAUX, Imprimeur-Libraire, au Palais-Royal, N°. 181.

1792.

CODE
DE L'ARMÉE
DE TERRE.

Loi pour assurer l'Armée des sentimens de l'Assemblée nationale, du 2 Janvier 1790.

L'ASSEMBLÉE nationale décrète que M. le président sera chargé d'écrire une lettre à tous les régimens de l'armée, qui exprimera les sentimens de l'assemblée nationale à leur égard, et qui sera lue à la tête de chaque corps.

Suit la teneur de la lettre.

« L'assemblée nationale m'a chargé par un décret, Messieurs, d'avoir l'honneur de vous assurer en son nom qu'elle a vu avec peine plusieurs régimens donner à une phrase isolée de l'opinion de M. Dubois de Crancé, une interprétation bien éloignée de l'intention de ce député, et qu'il s'est empressé de développer, dès qu'il a aperçu que sa pensée étoit mal entendue.

» Ce n'est pas, Messieurs, au milieu des représentans d'une nation dont l'armée a si dignement assuré la gloire dans tous les tems, dont elle vient si récemment encore de soutenir les droits avec tant de patriotisme, que l'hommage dû à la valeur, à la délicatesse et à l'honneur pourroit être un instant méconnu. Ils chérissent trop ces hautes qualités inhérentes aux officiers et aux soldats françois, pour ne pas saisir, avec une véritable satisfaction, l'occasion qui se présente de donner à l'armée le témoignage d'estime qu'elle mérite.

» L'assemblée nationale, occupée sans relâche de la régénération de ce grand empire, établira pour la constitution militaire, des bases qui, assurant à jamais le bonheur et l'avancement de tous les individus de l'armée, uniront indissolublement le citoyen et le soldat par les liens communs de la félicité publique.

» Le salut de la France dépend, vous le savez, Messieurs, de l'accord intime de tous les bons citoyens. Sous ce grand et important rapport, les représentans de la nation se reposent sur les sentimens de l'armée. Ils recommandent au soldat une subordination entière à ses supérieurs, et ils sont assurés de n'être point trompés dans cet espoir. La soumission aux loix, la fidélité à la constitution desirée par la nation et acceptée par son chef; l'obéissance et le respect pour le roi, centre nécessaire de toutes les forces de l'état :

voilà, Messieurs, les premiers devoirs et les seuls moyens de bonheur pour tout homme digne désormais de porter le nom de français. »

J'ai l'honneur d'être avec un sincère attachement, Messieurs, votre très-humble et très-obéissant serviteur,

DÉMEUNIER, *président.*

Paris, le 4 janvier 1790.

LOI *concernant les Invalides détachés, du 9 mai 1790.*

L'assemblée nationale décrète que les invalides détachés recevront, à compter du premier mai présent mois, l'augmentation de solde décrétée pour l'armée.

Sanctionnée le 16 du même mois.

LOI *concernant le droit du corps législatif, quant à la fixation du nombre d'individus de chaque grade, dont l'armée sera composée, du 19 juillet 1790.*

L'assemblée nationale décrète qu'à chaque session de la législature, sur la proposition du pouvoir exécutif, le nombre d'individus de chaque grade sera déterminé par un décret du corps législatif, sanctionné par le roi.

Loi concernant les renseignemens à donner par le Ministre de la Guerre, relativement à son mémoire sur l'organisation de l'Armée, du 22 juillet 1790.

L'assemblée nationale, en ajournant la question à lundi prochain, décrète que d'ici à cette époque; le ministre de la guerre remettra un mémoire explicatif des motifs pour lesquels il propose de tenir sur pied une armée de 150,000 hommes, avec un état des troupes actuellement sous les drapeaux; qu'il sera présenté à l'assemblée nationale, par son comité militaire, un tableau de la dépense qu'entraîneroit l'exécution du plan du comité même, ou celle de tous autres qu'il croiroit devoir présenter, ainsi que le tableau de la dépense d'une armée active de 120,000 soldats, (non compris les officiers,) laquelle, au moyen d'une réserve de 70,000 soldats auxiliaires, seroit susceptible d'être portée à 150,000 hommes, pour le premier pied de guerre, avec les observations que le comité militaire jugera à propos de faire sur le tout.

Loi relative à la solde des six premiers mois dus aux officiers du ci-devant régiment des Gardes-Françoises, du 24 juillet 1781

L'assemblée nationale a décrété ce qui suit :

Le ministre de la guerre fera payer les appointemens des six premiers mois de la présente année dus aux officiers & sous officiers du régiment des ci-devant Gardes-Françaises ; &, à compter du premier de ce mois, lesdits appointemens ne seront plus à la charge du trésor public.

Sanctionnée le 31 du même mois.

Loi rendue à l'occasion de la présentation à l'Assemblée du soldat qui a fait prisonnier le général Ligonier, du 29 juillet.

Le sieur Haude, ci-devant carabinier, ayant été présenté à l'assemblée, M. le président l'a félicité au nom de l'assemblée, & un officier général, sous lequel ce carabinier avoit servi, a rendu compte de l'action que ce brave homme avoit rendu plus belle encore par son désintéressement.

L'assemblée a chargé le comité des pensions d'examiner ce qui concerne le sieur Haude.

Loi qui ordonne qu'il ne sera faite aucune promotion dans l'armée de terre & de mer, jusqu'à l'organisation de l'armée, du 29 juillet.

L'assemblée nationale décrète qu'il sera sursis à la nomination de tous emplois militaires jusqu'au moment très-prochain où l'assemblée aura arrêté les dispositions relatives à l'avancement militaire.

Décrète, en outre, que le président se retirera demain par devers le roi pour présenter à la sanction le présent décret.

Sanctionnée le 31 du même mois.

LOI relative à l'incorporation dans l'armée Françaife, du 2 août 1790.

L'assemblée nationale décrète que l'incorporation n'aura lieu ni dans l'infanterie ni dans la cavalerie françoise.

Sanctionnée le 2 septembre 1790.

Loi relative à l'organisation de l'armée & aux dépenses y relatives, du 18 août 1790.

L'assemblée nationale a décrété & décrète ce qui suit :

ARTICLE PREMIER.

L'armée, à dater du premier septembre 1790, & de cette époque pour l'année 1791, sera composée de 150,848 hommes tant officiers que soldats, dont 110,485 d'infanterie, 30,040 de troupes à cheval, 10,137 d'artillerie ou du Génie.

Le nombre des Officiers-généraux employés, ne pourra pas excéder 94; l'Assemblée Nationale se réserve de statuer sur le nombre des Adjudans, sur celui des Aides-de-Camp, & sur le nombre des Commissaires de Guerre qui doivent être mis en activité pendant l'année. 1791.

« II. Les troupes étrangères qui feront partie du nombre ci-dessus; & qui seront à la solde de la nation, ne pourront pas, sans un décret du corps législatif, sanctionné par le roi, excéder celui de 26,000 hommes.

« III. Le nombre d'individus de chaque grade, & dans chaque arme sera déterminé, ainsi qu'il est expliqué à l'Etat, No. I, du ministre de la guerre, sans y comprendre l'artillerie & le génie, sur lesquels il sera fait un rapport particulier, & sauf les changemens que les circonstances pourroient exiger dans les corps de l'armée.

» IV. Le ministre proposera les changemens qui pourront avoir lieu dans l'armée, dans des notes particulières qu'il adressera au corps législatif.

» V. Les appointemens & solde seront fixés pour chaque grade, à compter, ainsi qu'il est dit en l'Etat, No. II, du ministre de la guerre.

» VI. Les régimens suisses & grisons conserveront, jusqu'au renouvellement de leurs capitulations, les apppointemens & solde dont ils jouissent en vertu d'icelles.

» VII. Les officiers, sous-officiers & soldats qui, par l'effet de la nouvelle formation, éprouveroient une réduction sur leur traitement actuel, le conserveront jusqu'à ce qu'ils en obtiennent un équivalent; en attendant, ils seront payés du supplément sur des états particuliers, dans la forme prescrite par les ordonnances.

» VIII. Les carabiniers seront

rendus à leur institution primitive de grenadiers de la cavalerie; en conséquence, ils se recruteront dans les troupes à cheval, ou des sujets ayans fait au moins un congé dans lesdites troupes, & ils jouiront d'un sol de haute paie, comme les grenadiers en jouissent dans l'infanterie.

» IX. Les appointemens & soldes réglés par l'article IV, seront payés par le trésor public. sur des revues en raison du nombre de jours dont chaque mois est composé.

» X. Indépendamment de la solde réglée par l'article IV, il sera fourni à chaque soldat, présent sous les drapeaux ou détaché pour le service, conformément au décret du 24 juin, une ration de pain de munition, du poids de 24 onces, laquelle ration fera partie de la solde de l'homme présent, sans que l'homme absent des drapeaux puisse y rien prétendre.

» XI. Il sera fourni des rations de fourrage aux chevaux des officiers suivant le détail ci-après, savoir :

Infanterie.

A chaque colonel, 2 rations.
A chaque sous-lieutenanr, 1 ration.

Cavalerie.

A chaque colonel, trois rations.

A chaque lieutenant-colonel & capitaine, deux rations.

A chacun des autres officiers, une ration.

» XII. Les paiemens qui seront faits en vertu des articles précédens, ne devant avoir lieu qu'à l'effectif, il sera constaté tous les trois mois par des revues de commissaires de guerre, dans la forme qui sera prescrite par les ordonnances.

XIII. Pour subvenir aux dépenses du recrutement, rengagement, remonte, habillement, équipement, armement, frais de bureaux, il sera payé à chaque régiment une somme par homme au complet pour former la masse générale, suivant ce qui sera réglé dans un travail particulier.

XIV. Il sera également formé des masses pour subvenir aux dépenses des vivres, fourrages, hôpitaux & effets de campement, dont les fonds seront faits aux Département de la Guerre sur le pied du complet de l'Armée. Toutes les masses ci-dessus indiquées, non comprises celle de linge & chaussures, sont destinées au besoin collectif de tous les régimens; mais elles appartiennent à la nation; en conséquence, nul individu n'a droit d'y prétendre; les corps en rendront compte tous les ans au ministre de la guerre, & celui-ci aux personnes qui en auront été chargées par le corps législatif.

XV. Les fonds destinés tant aux travaux de l'artillerie qu'à ceux du génie pour l'année 1791, seront provisoirement fixes à 5,400,000 livres, dont la répartition sera faite par le ministre de la guerre.

XVI. Il y aura pareillement un fonds affecté pour les frais de bureau du ministre, frais d'impression des ordonnances, ceux de course, d'escorte, & autres frais relatifs aux procédures & jugemens militaires ; mais les sommes qui doivent y être destinées ne seront définitivement réglées qu'apr s avoir eu une connoissance exacte & motivée des tableaux des dépenses de ces divers objets, & provisoirement, & pour un mois, elles seront réduites sur le pied d'un million cinq cent mille livres par an.

Sanctionnée le 23 septembre 1791.

Loi concernant les officiers invalides, du 29 août 1790.

Les officiers invalides, compris dans l'état envoyé à l'assemblée nationale par le ministre de la guerre, seront payés des sommes portées en la troisième & cinquième colonne dudit état, des sommes pour lesquelles ils sont employés, si elles vont à six cents livres, & jusqu'à concurrence de ladite somme, si leurs traitemens & pensions l'excèdent.

Sanctionnée le 15 septembre 1790.

Loi *qui a pour but de faire cesser les difficultés qui s'opposoient à la circulation des Poudres & autres Munitions tirées, soit des Arsenaux, soit des Fabriques & Magasins de la Régie des Poudres, du mois d'Août* 1790.

L'Assemblée nationale instruite des difficultés qui se sont élevées dans plusieurs villes relativement à la circulation des poudres & autres munitions destinées à l'approvisionnement des arsenaux de terre & de mer, au service des municipalités, au commerce extérieur & intérieur du royaume ; & voulant assurer le transport de toutes espèces de munitions nécessaires au service de l'état, a décrété & décrète ce qui suit :

ARTICLE PREMIER.

Il ne sera apporté aucun retard ni empêchement quelconque au transport des poudres & autres munitions qui seront tirées des arsenaux de la nation ou des fabriques & magasins de la régie des poudres, pour les approvisonnemens des ports, des places & du commerce. Elles seront accompagnées de passeports en bonne forme, délivrés par les ministres de la guerre & de la marine, ou par les officiers & gardes-magasins de l'artillerie de terre ou de l'artillerie de la marine, pour les poudres qui qui sortiront des arsenaux ; & par les régisseurs des poudres, pour celles qui seront tirées de leurs fabriques La destination desdites poudres sera en outre justifiée par lettres de voitures réguliéres.

II. Lesdits passeports & lettres de voiture contiendront le lieu du départ, la quantité chargée, & la destination des poudres, & seront visés par la municipalité du lieu du chargement.

III. Ces mêmes expéditions seront présentées aux officiers municipaux des villes de la route, pour être par eux visées. Il est enjoint expressément aux directoires de département & de district, & aux officiers municipaux, de laisser passer librement lesdits convois. de veiller à leur sureté, de les faire accompagner par les cavaliers de la maréchaussée, & même, si besoin est, de fournir des escortes de gardes nationales, & de faire remetre aux régisseurs des poudres ou à leurs préposés, ou conduire à leur destination dans les arsenaux, les poudres qui pourraient avoir été arrêtées dans leurs municipalités.

IV. Les règlemens précédemment rendus relativement à la fabrication & à la vente des salpêtres & poudres dans le royaume, continueront provisoirement d'être exécutés selon leur forme & teneur; & les corps administratifs & municipalités, veilleront à cette exécution.

Sanctionnée le 4 septembre 1790.

Loi sur l'organisation de l'artillerie & du génie, du 9 septembre 1790.

L'Assemblée nationale, délibérant sur la proposition du roi, & ayant entendu le rapport de son comité militaire sur l'organisation de l'artillerie & du génie, décrète,

1°. Que les deux corps de l'artillerie & du génie, continueront, comme par le passé, à rester distincts & séparés;

2°. Que le corps des mineurs, ainsi que les sapeurs continueront de même, comme par le passé, à faire partie de celui de l'artillerie;

3°. Qu'il lui sera fait incessamment le rapport des plans du ministre, sur la formation intérieure de chacun de ces deux corps, afin qu'elle puisse prononcer sur le nombre & le traitement des individus de chaque grade, dont chacun d'eux devra être composé. Sanctionnée le 9 du même mois.

Loi qui ordonne de payer à la caisse des Invalides la somme de 210000 livres pour la prestation des oblats, du 16 Septembre 1790.

L'assemblée nationale décrète qu'il sera payé par le trésor public à la caisse des invalides la somme de 210,000 livres pour la prestation des oblats provisoirement, & pour l'année 1790 seulement, à raison de 52,500 l. par quartier, & que les trésoriers de district percevront les oblats, & en tiendront compte au trésor public.

Sanctionnée le 21 du même mois.

Loi qui approuve la conduite des municipalités de Ruel & de Courbevoye, relativemeut aux démarches faites vers le corps des gardes suisses, & défend à toute association ou corporation, des correspondances avec les régimens françois, du 19 septembre 1790.

L'assemblée nationale, sur le compte qui lui a été rendu par son comité militaire, des démarches qui ont eu lieu aux casernes de Ruel & de Courbevoye, & des soins que les municipalités de ces deux bourgs ont pris pour s'opposer aux inconvéniens qui devoient en résulter, décrète ce qui suit :

ARTICLE PREMIER.

Le président sera chargé d'écrire aux municipalités de Ruel & de Courbevoye, que l'assemblée nationale approuve la conduite sage & prudente qu'elles ont tenue pour éviter l'effet des démarches qui ont été faites vers le corps des gardes-suisses; & qu'elle approuve également le respect que les gardes-suisses ont montré à la loi & à ses organes.

II. Il est défendu à l'avenir à toute association ou corporation, d'entretenir, sous aucun prétexte, des correspondances avec les régimens françois, suisses & étrangers qui composent l'armée. Il est également défendu auxdits corps d'ouvrir & de continuer de pareilles correspondances, à peine pour les premiers, d'être poursuivis par les magistrats chargés du maintien des loix, comme perturbateurs du repos public, & pour les seconds, d'être punis suivant la rigueur des ordonnances.

Sanctionnée le 20 du même mois.

Loi qui alloue a chaque soldat du regiment de Soissonnois une somme pour lui tenir lieu d'un sarrot, du 19 *septembre* 1790.

L'assemblée nationale, après avoir entendu la lecture du procès-verbal dressé par l'officier-général chargé de la vérification des comptes du régiment de Soissonnois, celle des observations faites par les soldats de ce régiment sur le procès-verbal, & le rapport de son comité militaire, déclare que l'officier-général chargé par le roi a jugé conformément aux ordonnances : décrète, en conséquence, qu'il sera alloué à chaque homme 5 liv. 8 sous, pour lui tenir lieu d'un sarrot, comme la seule réclamation fondée sur les ordonnances, & que son président se retirera par devers le roi pour prier sa majesté de donner des ordres nécessaires pour la prompte exécution du présent décret.

Sanctionnée le 21 du même mois.

Loi concernant la solde des suisses, du premier octobre 1790.

L'Assemblée nationale, d'après le rapport de son comité militaire, décrète ce qui suit :

ARTICLE PREMIER.

Les soldats & sous-officiers suisses recevront la même solde que les soldats & sous-officiers français ou étrangers. En conséquence, la solde des régimens suisses sera augmentée de dix-huit deniers, dont quatre deniers donnés à l'ordinaire, six deniers en poche, & huit deniers à la masse d'entretien. Cette augmentation aura lieu à partir du premier octobre 1790.

II. Les officiers, sous-officiers & soldats suisses continueront à l'avenir ainsi qu'il avoit été décrèté provisoirement le 15 avril dernier, de jouir des pensions, traitemens & émolumens qui leur ont été accordés jusqu'à l'époqué du premier mai 1790.

Loi

Loi sur le changement des cravates blanches des drapeaux & étendards des troupes de ligne, du 22 octobre 1790.

L'assemblée nationale décrète que les colonels seront tenus de changer les cravates blanches des drapeaux & étendards des troupes de ligne, pour en substituer d'autres aux couleurs de la nation; & charge son comité militaire de lui présenter les détails & la forme de ce nouveau signe aux drapeaux des régimens.

Loi sur la nouvelle formation du corps du génie, du 24 octobre 1790.

L'assemblée nationale délibérant sur la proposition du roi, & ouï le rapport de son comité militaire, décrète, qu'à dater du premier janvier 1791, le corps royal du génie sera composé ainsi qu'il suit :

1°. De quatre inspecteurs-généraux de fortifications, dont deux lieutenans-généraux & deux maréchaux-de-camp, tirés des officiers supérieurs du corps royal du génie, faisant partie de la ligne, & qui y seront payés ;

2°. De vingt colonels directeurs des fortifications, lesquels seront, quant à leurs appointemens, partagés en trois classes ; savoir :

Six colonels de la première classe, aux appointemens de 7,000 liv. par an. 42,000 l.

Six colonels de la seconde classe, aux appointemens de 6,000 liv. 36,000

Huit colonels de la troisième classe, aux appointemens de 5,000 liv. 40,000

Il sera de plus attribué à chacun des vingt colonels-directeurs ci-dessus désignés, un traitement de 2,000 livres par an, pour frais de tournées, de bureau de dessinateurs, de secrétaire. 40,000

158,000 l.

3°. De quarante lieutenans-colonels partagés en deux classes, & dont les appointemens seront, savoir : pour chacun des vingt lieutenans-colonels formant la première classe, de 4,000 liv. par an, & pour chacun des vingt lieutenans-colonels formant la seconde classe, de 3,600 livres. 152,000

4°. De cent quatre-vingt capitaines partagés en cinq classes, quant aux appointemens ; savoir : Vingt capitaines de lapremière classe, aux appointemens de 2,800 liv. 56,000 l.

Vingt capitaines de la seconde classe, aux appointemens de 2,600 liv. 52,000

Trente capitaines de la troisième classe, aux appointemens de 2,400 liv. 72,000

Cinquante de la quatrième classe, aux appointemens de 2,000 liv. 100,000

Et soixante capitaines de la cinquième classe, aux appointemens de 1,600 liv. 9,600

 376,000 l.

5°. De soixante lieutenans partagés en deux classes, quant aux appointemens ; savoir :

Trente lieutenans de la premiere classe, aux appointemens de 1,200 livres, 36,000 l.

Trente lieutenans de la seconde classe, aux appointemens de 1,100 livres, 33,000

6°. De dix élèves sous lieutenans chacun aux appointemens de 800 liv. par an, 8,000

7°. Il sera attribué aux officiers supérieurs du corps royal du génie, un traitement en fourrage pareille à celui que recevront les officiers du même grade dans l'infanterie.

8°. Il sera affecté à l'école du génie pour frais de ladite école, appointemens des professeurs & autres employés, entretien des laboratoires, machines & autres dépenses nécessaires qu'entraine cet établissement, annuellement une somme de 20,000 livres.

Le total de la dépense du corps du génie sera de 783,000 livres.

Loi qui accorde au département de la guerre une somme de quatre millions, *pour subvenir aux frais des travaux & approvisionnemens jugés nécessaires dans les différentes places de guerre, du 5 décembre* 1790.

L'assemblée nationale, délibérant sur la demande du ministre de la guerre; ouï le rapport de ses comités diplomatique & militaire, décrète qu'il sera accordé au département de la guerre une somme extraordinaire de *quatre millions*, destinés à subvenir aux frais des travaux & des approvisionnemens les plus pressés dans les différentes places de guerre où ces travaux & ces approvisionnemens seront jugés nécessaires, & que de mois en mois il sera rendu compte à l'assemblée nationale par le ministre de la guerre de l'emploi desdits fonds.

Loi relative à la gendarmerie nationale, du 13 février 1791.

L'assemblée nationale décrète que l'article IV du titre IV, & l'article XII du titre VI des décrets rendus les 23 décembre & 16 janvier derniers, par rapport à l'organisation du corps de la gendarmerie nationale, ne recevront leur exécution que lorsque les divisions des ci-devant compagnies de maréchaussée, même des compagnies supprimées, seront faites par départemens; & jusqu'à ce, les officiers-greffiers, sous-officiers, cavaliers & trompettes seront payés de mois en mois dans les lieux actuels de leurs différentes résidences, de tous leurs traitemens & gratifications, sous quelque dénomination qu'ils soient affectés à leurs différentes places, par les mêmes mains, & sur le même pied que par le passé, en observant les formes qui ont eu lieu jusqu'à présent. Les loyers de casernement qui ne sont pas fournis en nature, seront également acquittés comme par le passé.

Loi qui suspend le remboursement des indemnités dues aux commissaires des guerres en activité, pour leurs brevets de retenue, du 21 Février 1791.

L'assemblée nationale ajourne ce qui concerne les commissaires des guerres, & néanmoins, décrète que le remboursement des indemnités dues à ceux qui sont en activité, sera suspendu, quand bien même ils se trouveroient compris dans les précédens décrets sur ledit remboursement.

Loi concernant les colonels & lieutenans colonels susceptibles de remplacement, du 3 mars 1791.

L'assemblée nationale décrète que les colonels & lieutenans-colonels, qui, par les décrets concernant l'organisation de l'armée, sont susceptibles de remplacement, seront, quant aux dispositions du décret du 15 février 1791, assimilés aux colonels & lieutenans-colonels en activité effective, & pourront en conséquence, & aux conditions prescrites par ledit décret, obtenir le brevet de maréchal-de-camp.

Loi relative à la réduction et au traitement des maréchaux de france et des lieutenans-généraux, du 4 mars 1791.

L'assemblée nationale décrète,

1°. Qu'à l'avenir le nombre des maréchaux de france ne pourra excéder celui de six; qu'ils ne pourront avoir d'autres fonctions que des fonctions militaires, et que leur traitement sera fixé à 30,000 liv. Quant aux traitemens des maréchaux de france actuellement existans, qui ne seront pas conservés en activité, il y sera statué après avoir entendu le comité des pensions.

2°. Que les lieutenans généraux en activité seront réduits à trente, & que les quatre principaux commandemens de troupes, auxquels il a été affecté un traitement particulier de 20,000 livres pourront être confiés par le roi, soit à des maréchaux de France, soit à des lieutenans-généraux en activité.

Loi qui conserve provisoirement au Maréchal de Broglie le grade dont il est revêtu, du 5 mars 1791.

L'assemblée nationale, après avoir ouï la pétition de M. Victor Broglie, considérant les longs & utiles services de M. le maréchal de Broglie, absent en ce moment du royaume, & le mauvais état de sa santé, décrète qu'il ne sera rien statué, quant à présent, sur le rang & le grade de maréchal de France dont jouit en ce moment M. le Maréchal de Broglie & le maintient provisoirement dans le rang & le grade dont il est revêtu, & charge son président de présenter le présent décret à la sanction du roi.

Loi relative à la suppression des places de gouverneur, médecin, chirurgien, &c. des hôtels de la guerre, & qui suspend les dépenses nécessaires auxdits hôtels, du 21 mars 1791.

L'assemblée nationale, ouï le rapport de son comité militaire sur les employés des hôtels de la guerre, de Paris, Versailles, Compiegne & Fontainebleau, décrète ce qui suit :

ARTICLE PREMIER.

La place de gouverneur est supprimée, ainsi que celles de médecin, de chirurgien & de peintre de batailles ; & le traitement attaché auxdites places sera rayé des états, à compter du premier avril prochain.

II. Le traitement de trois ingénieurs-géographes, employés à la carte des chasses du roi, sera renvoyé à la liste civile, à compter du même jour.

III. A l'égard de toutes les autres dépenses qui peuvent demeurer nécessaires pour lesdits hôtels, elles seront suspendues, à compter du premier avril prochain, & elles ne seront rétablies qu'en vertu d'un décret de l'assemblée rendu sur un état nominatif & détaillé de la cause & du montant desdites dépenses, lequel sera imprimé & distribué préalablement à la délibération.

Loi relative aux Invalides, du 28 mars 1791.

L'assemblée nationale décrète ce qui suit :

ARTICLE PREMIER.

Il ne sera reçu désormais à l'hôtel des invalides, conformément à l'édit de création, que des militaires qui auroient été estropiés ou qui auroient atteint l'âge de caducité, étant sous les armes au service de terre & de mer, & qui n'auroient d'ailleurs aucun moyen de subsister.

Ceux qui sont actuellement à l'hôtel seront les maîtres d'y rester, ceux qui voudront en sortir auront pour pension de retraite, savoir :

Les lieutenans-colonels.	1,200l.	»	»
Les commandans de bataillons.	1,000	»	»
Les capitaines.	800	»	»
Les lieutenans,	600	»	»
Les maréchaux-des-logis en chef. -	422	3	4
Tous les sous-officiers.	300	10	»
Tous les soldats.	227	10	»

II. L'état-major de l'hôtel est supprimé ; l'administration sera réformée. Le comité militaire présentera incessamment ses vues sur cet objet, ainsi que sur les moyens de conserver quelques compagnies détachées de vétérans.

Loi relative aux quarante deux capitaines destinés à être employés au service des places de guerre, du 27 Avril 1791.

L'assemblée nationale, après avoir

entendu son comité militaire, décrète que sur les quarante-deux capitaines destinés à être employés au service des places de guerre, quatorze seulement seront de la troisième classe, & vingt-huit de la quatrième.

Loi sur la fourniture des vivres & fourrage de l'armée, des 30 mars & 21 avril 1791.

L'assemblée nationale décrète ce qui suit :

ARTICLE PREMIER.

En temps de paix, les fournitures de toute espèce pour le service ordinaire de l'armée dans ses garnisons & quartiers, seront faites par entreprises laissées au rabais, sauf les exceptions qui seront énoncées ci-après; & celles qui pourroient être déterminées, dans la suite par les législatures, sur la demande du ministre de la guerre.

II. Les adjudications seront toujours faites publiquement, au jour & au lieu indiqués par des affiches qui annonceront les conditions du marché; les affiches devront être placardées, au moins six semaines à l'avance, dans tous les chefs-lieux de département & de district du royaume, s'il s'agit d'une entreprise générale; & s'il s'agit d'une entreprise partielle & locale, dans tous les chefs-lieux de cette localité.

III. Sont exceptées des précédentes dispositions des articles I & II, les fournitures des vivres & des fourrages, qui pourront être confiées par le ministre de la guerre à une ou plusieurs compagnies; composées chacune des personnes qu'il croira les plus capables de bien remplir l'un ou l'autre service.

IV. Dans le cas où le ministre de la guerre jugeroit à propos de confier la fourniture, soit des vivres, soit des fourrages, à des compagnies de son choix, le prix de l'entreprise sera fixé par le prix commun de chaque espèce de denrées, pendant les mois de novembre, décembre, janvier, février & mars.

V. Le prix sera constaté d'après les états que les directoires de département enverront, tous les quinze jours, au ministre, du prix des différentes espèces de denrées, dans tous les marchés de leur département.

VI. Le ministre pourra convenir, avec les entrepreneurs des vivres & fourrages, de toute autre stipulation qu'il croira juste & convenable pour l'intérêt respectif des parties contractantes.

VII. Les traités pour les fournitures des vivres & fourrages, & pour tout autre fourniture militaire, seront imprimés. Les seules clauses dont le public aura eu connoissance par la voie de l'impression, seront obligatoires pour l'état.

VIII. Les traités seront d'ailleurs religieusement observés de part & d'autre, & ne pourront être rescindés ou annullés pendant le temps fixé pour leur durée, que pour les causes & par les formes de droit.

Loi relative au département de la guerre, du 27 avril 1791.

L'assemblée nationale délibérant sur la demande du ministre de la guerre, & ouï le rapport de son comité militaire, décrète :

ARTICLE PREMIER.

Il sera versé au département de la guerre par la caisse de l'extraordinaire,

1°. Une somme de cinq millions quatre cent vingt-quatre mille cinq cent quatre-vingt-quatre livres huit sous, pour fournir à la dépense de l'enrôlement, de l'équipement & de l'armement de dix-huit mille huit cent vingt-huit hommes, tant d'infanterie que de troupes à cheval, ainsi qu'à l'achat de deux mille quatre cent quarante-huit chevaux pour monter lesdites troupes à cheval;

2°. Une somme de quatre millions six cent deux mille neuf cent une liv.

cinq sous, pour payer la réparation ou la fabrication à neuf des effets de campement, destinés à compléter la fourniture nécessaire à une armée de cent soixante-neuf mille hommes, y compris les officiers, & déduction faite des effets en magasin au premier janvier 1791;

3°. Une somme de cent cinquante-un mille deux cents liv. à compte des frais de construction de douze cents voitures pour le service des équipages de vivres;

4°. Une somme de quatre millions, destinés à restaurer ou à renforcer les principales forteresses des différentes frontières du royaume.

Les quatre sommes ci-dessus, pareilles à celles portées dans les tableaux fournis par le ministre de la guerre, s'élevant à la somme totale de quatorze millions cent soixante-dix-huit mille six cent quatre-vingt-cinq livres treize sous.

II. Il sera fourni de plus au département de la guerre par la caisse de l'extraordinaire, pour la solde desdits dix-huit mille huit cent vingt-huit hommes, pour l'entretien de deux mille quatre cent quarante-huit chevaux de troupes à cheval, & pour celui de mille chevaux d'équipage, avec les supplémens en route, une somme de cinq cent quatre-vingt-seize mille neuf cent quatorze livres dix sols par chaque mois, à compter du premier avril 1791.

III. Le ministre de la guerre rendra compte de l'emploi des fonds extraordinaires accordés à son département, ainsi que de la diminution que les sommes affectées à l'acquisition d'effets neufs, pourront produire sur la dépense destinée à l'entretien pendant l'année courante.

IV. Le comité des finances vérifiera, d'après le présent décret, de quelle somme précise les dispositions qu'il renferme, augmentent l'etat des dépenses prévues pour l'anné 1791, & il en rendra compte à l'assemblée.

Loi relative à la suppression de la compagnie de la prévôté de l'hôtel, & à sa récréation sous le titre de gendarmerie nationale, du 10 mai 1791.

L'assemblée nationale ayant ouï le rapport de ses comités de constitution & militaire réunis sur la compagnie de la prévôté de l'hôtel, décrète ce qui suit :

SECTION PREMIERE.

TITRE PREMIER.

Suppression & nouvelle création.

ARTICLE PREMIER.

La compagnie de la prévôté de l'hôtel est & demeurera supprimée : mais elle est recréée sous le titre de gendarmerie nationale.

II. Ce nouveau corps participera aux grades, distinctions & récompenses établies pour la gendarmerie nationale, ainsi qu'à tous les avantages accordés par les décrets des 22, 23, 24 décembre 1790, & 16 janvier 1791.

TITRE II.

Composition & formation.

ARTICLE PREMIER.

Ce nouveau corps sera composé d'un lieutenant colonel, de deux capitaines, six lieutenans, six maréchaux-de-logis, douze brigadiers & soixante-douze gendarmes, faisant ensemble quatre-vingt-dix-neuf hommes, formés en deux compagnies.

II. Chaque compagnie sera composée de trois maréchaux-de-logis, six brigadiers, trente-six gendarmes, & commandée par un capitaine & trois lieutenans.

III. Chaque compagnie sera partagée en trois brigades, composées d'un maréchal-des-logis, de deux brigadiers, de douze gendarmes, & sera commandée par un lieutenant, sous l'autorité du capitaine.

IV. Le lieutenant-colonel commandera les deux compagnies, mais il sera sous l'autorité du colonel de la gendarmerie nationale, servant au département de Paris.

V. Il sera attaché à cette troupe, un secrétaire-greffier.

TITRE III.

Admission, rang & avancement.

ARTICLE PREMIER.

Au moment de la formation actuelle, ce corps sera formé du fonds des officiers, sous-officiers & gardes de la prévôté de l'hôtel supprimés par le présent décret.

II. Les officiers du même grade prendront rang entre eux de la date de leurs brevets ou commissions signés du roi & contre-signés par le ministre de la guerre; dans le cas d'une même date, la préférence seroit accordée à celui qui auroit le plus d'années de service.

III. Ceux des officiers & gardes qui vont se trouver réformés par cette nouvelle organisation, seront conservés comme surnuméraires, avec droit au remplacement, & avec le même traitement que les autres gendarmes ou officiers du même grade.

IV. Pour recruter ces deux nouvelles compagnies, par la suite il n'y séra admis, après l'extinction des surnuméraires, aucun gendarme qui n'ait trente ans accomplis, qui ne sache lire & écrire, qui ne soit en activité dans l'une des compagnies de la gendarmerie nationale, & qui n'ait servi au moins trois années avec distinction.

V. Lorsqu'il vaquera une place de gendarme dans ce nouveau corps, chaque département dans chacune des vingt-huit divisions de la gendarmerie nationale fournira successivement pour la remplir, un sujet qui réunisse les conditions prescrites par l'article précédent.

VI. Le colonel de la division de la gendarmerie nationale, qui devra fournir un sujet, en présentera trois de sa division au directoire du département dont ce sera le tour, lequel en choisira un qui sera pourvu par le roi.

VII. Ce nouveau corps roulera sur lui-même pour son avancement.

VIII. Pour remplir une place vacante de brigadier, chacun des six maréchaux-des-logis se réunira avec les deux brigadiers de sa brigade, pour choisir de concert un gendarme. La liste des six qui auront été ainsi choisis, sera remise au capitaine dans la compagnie duquel l'emploi sera vacant; ce capitaine réduira la liste à deux, parmi lesquels le lieutenant-colonel nommera le nouveau brigadier.

IX. Pour remplir une place de maréchal des-logis, les six maréchaux-des-logis se concerteront pour proposer ensemble quatre brigadiers; cette liste réduite à deux pour le capitaine dans la compagnie duquel l'emploi aura vacqué, sera présentée par lui au lieutenant-colonel qui nommera parmi les deux, le nouveau maréchal-des-logis.

X. Sur deux places vacantes de lieutenant, l'une sera donnée au plus ancien maréchal-des-logis; l'autre le sera, par le choix, à l'un des six maréchaux-des-logis ayant au moins deux années d'exercice dans ce grade. L'ancienneté aura le premier tour.

XI. Lorsqu'il s'agira de donner par le choix une place de lieutenant, tous les officiers des deux compagnies & le lieutenant-colonel nommeront, à la majorité absolue des suffrages, trois maréchaux-des-logis. Cette liste sera présentée par le colonel de la division de gendarmerie nationale servant dans le département de Paris, au directoire de ce département, lequel en nommera un qui sera pourvu par le roi.

XII. Les lieutenans parviendront

suivant leur ancienneté à l'emploi de capitaine.

XIII. Les capitaines suivant leur ancienneté, à l'emploi de lieutenant-colonel.

XIV. Au moment de la présente organisation, le roi fera délivrer aux officiers, sous-officiers de gendarmes, qui composeront le corps, & par la suite à ceux qui auront été promus de la manière qui vient d'être expliquée, une nouvelle commission, suivant leurs grades respectifs.

XV. Le lieutenant-colonel concourra avec les officiers du même grade dans la gendarmerie nationale & aux mêmes conditions, pour parvenir à celui de colonel, soit par ancienneté, soit par le choix du Roi.

XVI. Le secrétaire-greffier sera nommé par le directoire du département de Paris.

TITRE IV.

Ordre intérieur.

ARTICLE PREMIER.

Tous les commissions des officiers & gendarmes, seront scellées sans frais.

II. Celle de lieutenant-colonel, des capitaines & lieutenans, seront adressées au directoire du département de Paris, devant lequel ils prêteront le serment prescrit par la loi ; après quoi le colonel de la division de la gendarmerie nationale servant au département de Paris, fera reconnoître le lieutenant-colonel, & celui-ci fera reconnoître les autres officiers dans leurs grades respectifs.

III. Le lieutenant-colonel recevra le même serment des maréchaux-des-logis, des brigadiers & des gendarmes.

IV. Les sermens seront prêtés sans aucuns frais, & enregistrés de même dans le directoire du département de Paris, & dans le secrétariat du corps.

V. Aucune destination ne pourra être prononcée que selon la forme & de la manière établie pour l'armée : les règles de la discipline seront les mêmes que celles des troupes de ligne.

VI. Le conseil d'administration sera composé du lieutenant-colonel, des deux capitaines, du plus ancien lieutenant, du plus ancien maréchal-des-logis, du plus ancien brigadier, & des deux plus anciens gendarmes.

VII. L'uniforme des officiers, sous-officiers & gendarmes nationaux composant ce nouveau corps, sera en tout semblable à celui de la gendarmerie nationale, en y ajoutant la distinction que portent les grenadiers de la cavalerie.

TITRE V.

Traitement.

ARTICLE PREMIER.

Les appointemens de ce corps seront payés au complet & par mois sur les fonds publics dans le département de Paris, d'après les mandats donnés par le directoire de ce département, & en conséquence des états qu'il recevra du ministre ayant la correspondance des départemens.

II. A compter du 15 du présent mois, les appointemens & solde des officiers, sous-officiers, gendarmes nationaux de ces nouveaux corps demeureront fixés de la manière suivante : savoir ;

Au lieutenant-colonel 5000
A chaque capitaine 4000
A chaque lieutenant 2300
A chaque maréchal des logis 1250
A chaque brigadier 1110
A chaque grenadier gendarme 910
Au secrétaire-greffier ...., 900

Il sera alloué deux cent livres au secrétaire-greffier, pour menus frais & dépense du secrétariat.

III. Moyennant ces appointemens, les officiers, sous-officiers, & gendarmes, seront chargés de leur habillement & petit équipement ; il ne leur sera fait d'autres retenues que celles qui seront arrêtées par le conseil d'administration.

IV. L'armement pour le service des sous-officiers & gendarmes, sera fourni & entretenu par les magasins nationaux.

V. Le casernement des sous-officiers & gendarmes, sera fourni en nature par le département de Paris, & déterminé par le directoire, sur l'avis du lieutenant colonel ou du commandant.

VI. Le conseil d'administration règlera tous les ans le compte qui sera rendu par le lieutenant-colonel : 1°. des avances que les circonstances auront pu rendre nécessaires, & qui devront être remboursées par retenue sur la solde ; 2°. du bénéfice obtenu sur le paiement au complet.

VII. Le compte arrêté par le conseil d'administration sera présenté, chaque année, à la révision du directoire du département de Paris ; & si l'une, ou les deux compagnies demandent l'examen de la comptabilité, il ne sera fait qu'en présence du directoire du département.

SECTION II.

Fonctions des deux nouvelles compagnies de gendarmes nationaux.

TITRE PREMIER.

Fonctions près du corps législatif.

ATICLE PREMIER.

Ce nouveau corps continuera auprès de l'assemblée nationale, & des législatures suivantes, les fonctions remplies depuis le mois de 1789 par la ci-devant compagnie de la prévôté de l'hôtel.

II. Ces officiers, sous-officiers, & gendarmes, maintiendront l'ordre & la police dans les issues & aux portes de la salle du corps législatif, concurremment avec les gardes-nationales, & ils sont autorisés à repousser par la force toute violence ou voie de fait qui seroient employées contre eux dans les fonctions qu'ils exercent au nom de la loi.

III. Lorsque les décrets seront portés à la sanction, un officier, un sous-officier & quatre gendarmes nationaux accompagneront le président du corps législatif, ou les commissaires qui seront nommés à cet effet.

IV. Dans toutes les cérémonies publiques où le corps législatif assistera, soit en entier, soit par députation, les officiers, sous-officiers & gendarmes nationaux de ce nouveau corps, soit en totalité, soit en détachement suivant les circonstances, précèderont & termineront la marche.

TITRE II.

Fonctions auprès de la haute cour nationale, du tribunal de cassation & du ministre de la justice.

ARTICLE PREMIER.

Ce corps continuera de fournir un officier & deux gendarmes auprès du ministre de la justice, pour l'honneur & la sûreté du sceau de l'état.

II. Il fera, auprès de la haute-cour nationale & auprès du tribunal de cassation, le service que les compagnies ci-devant connues sous le nom de robe-courte, & aujourd'hui incorporées dans la gendarmerie nationale, font auprès des tribunaux de justice, séant à Paris.

III. Il prêtera toute la main-forte dont il sera requis légalement.

IV. Les différens services confiés par les articles précédens aux gendarmes nationaux, seront faits indistinctement par ces deux compagnies, suivant l'ordre habituel du service militaire.

Loi relative à la ci-devant maréchaussée du Clermontois, du 14 mai 1791.

L'assemblée nationale, après avoir entendu son comité militaire, décrète ce qui suit :

ARTICLE PREMIER.

Conformément aux dispositions du décret du 24 décembre 1790, la division de la gendarmerie nationale qui portoit ci-devant le nom de *maréchaussée du Clermontois*, sera payée, à compter du premier janvier 1791, par le trésor public, sur le même pied que les brigades de gendarmerie nationale du département de la Meuse.

II. Le sieur Beaugeois, commandant la division de la gendarmerie nationale ci-devant connue sous le nom de *maréchaussée du Clermon-*

tois, a droit d'être incorporé avec le grade de lieutenant lors de la nouvelle organisation de ce corps, & les appointemens du grade de lieutenant lui seront payés, à compter du premier janvier 1791.

Loi relative aux soixante-deux capitaines qui étoient attachés aux directoires de l'artillerie, du 19 mai 1791.

L'Assemblée nationale, après avoir entendu le rapport de son comité militaire, décrète ce qui suit :

ARTICLE PREMIER.

Les soixante deux capitaines qui étoient attachés aux directions de l'artillerie seront conservés; mais il n'en sera fait de remplacement qu'après que leur nombre sera réduit au-dessus de quarante-deux.

II, Les susdits soixante-deux capitaines actuels ne seront susceptibles d'avancement, que dans le cas où ils seroient employés à la guerre, mais les seuls capitaines qui entreront dans cette classe, après sa réduction au-dessous de quarante-deux, conserveront leur rang pour parvenir au commandement des compagnies, suivant leur tour d'ancienneté.

Loi relative au remboursement des charges & offices militaires, des 28 & 29 mai 1791.

L'assemblée nationale décrète ce qui suit :

Du régiment des gardes-françoises.

1°. Les officiers du ci-devant régiment des gardes françoises qui ont subi la réforme du 31 août 1789, seront remboursés de la finance de leurs charges sur le pied fixé par l'article premier du titre II de l'ordonnance du 17 juillet 1767, avec les intérêts de ladite finance, à compter du premier janvier 1791; néanmoins ceux desdits officiers qui auroient obtenu des emplois vacans par mort, ne seront remboursés du montant de la finance desdits emplois, qu'autant qu'ils les auront possédés pendant trois ans, conformément aux dispositions de l'article III du titre II de la susdite ordonnance.

2°. Les pourvus de charges, attachés au régiment des gardes-françoises, qui seront pourvus de brevets de retenue, auront droit à l'indemnité accordée pour les brevets de retenue, conformément au décret du 24 novembre 1790.

Des propriétaires des régimens.

1°. Les ci-devant propriétaires des régimens étrangers qui justifieront que leur régiment est arrivé au service de France tout armé & équipé, seront remboursés de la perte de leur propriété sur le pied de 200 liv. par homme, au complet de 1788, & à raison de 250 liv. par cheval, s'ils prouvent que leur régiment est arrivé tout monté.

2°. Les ci-devant propriétaires

des régimens, autres que ceux mentionnés dans le précédent article, recevront, en forme d'indemnité, une somme de 100,000 liv.

Des régimens & des compagnies.

1°. Les colonels, les capitaines en pied, les capitaines à réforme des troupes à cheval, ainsi que les colonels des régimens d'infanterie, porteurs de brevets de retenue, ne seront remboursés que du montant desdits brevets, & seulement en cas de mort, de démission, de changement de grade, de suppression ou de licenciement.

2°. A l'égard des colonels & des capitaines en pied qui n'auront point assuré la finance de leur régiment ou de leur compagnie par des brevets de retenue, il sera délivré par le liquidateur-commissaire du roi à ceux qui le demanderont, une reconnoissance des trois quarts de la finance de leur régiment ou de leur compagnie, laquelle finance sera déterminée de la même manière &

suivant les mêmes règles qui étoient suivies pour la délivrance des brevets de retenue, & les reconnoissances seront acquittées dans les cas spécifiés dans l'article ci-dessus pour le remboursement des brevets de retenue. A l'égard de ceux qui ne produiront pas des brevets de retenue, ils resteront dans les termes de l'ordonnance de 1776.

De la gendarmerie.

1°. Les officiers du corps de la gendarmerie qui ont subi la réforme du 2 mars 1788, seront remboursés de la finance de leurs charges sur le pied fixé par l'article 13 de l'ordonnance du 24 février 1776, & aux conditions portées par l'article 9 de l'ordonnance dudit jour 2 mars 1788.

2°. En conséquence, le ministre justifiera de l'emploi des sommes qui ont dû être versées au département de la guerre, & leur remboursement sera exécuté successivement, à raison de 500,000 liv.

par an, conformément audit article 9.

3°. Les gratifications accordées lors de la suppression du corps, & qui n'ont pas été payées, le seront incessamment, savoir: au sieur Desvillettes, 4,000 liv.; au sieur Levasseur, 1,200 liv.; à chacun des sieurs Debray & Faucon fils, palfreniers, 200 liv.

Des chevaux-légers & gendarmes de la garde.

Les officiers des chevaux-légers & gendarmes de la garde seront, en outre de leurs brevets de retenue, remboursés du surplus de leur finance, en exécution de l'ordonnance portant réforme de ces deux compagnies, en date du 30 septembre 1787.

Des charges des régimens d'états-majors.

Les ci-devant pourvus des charges des régimens d'états-majors de la cavalerie & des dragons, ayant dû perdre un quart de leur finance à chaque mutation, seront remboursés de la partie de la finance de leur charge, qu'ils justifieront devoir encore exister aux termes de l'ordonnance de 1776, sauf leur recours contre qui de droit.

Des commissaires des guerres.

Les titulaires des charges de commissaires des guerres qui étoient encore en activité au premier janvier dernier, seront remboursés du moment de leur brevet de retenue, & ils continueront à être payés de l'intérêt desdits brevets comme ils l'étoient par le passé, jusqu'à quinzaine après la sanction du présent décret. Les intérêts reprendront cours du jour de la remise de leurs brevets & titres au comité des pensions, pour cesser quinzaine après la sanction du décret qui liquidera chacun desdits commissaires. Seront, en outre, lesdits commissaires des guerres remboursés des sommes qu'ils ont payées, en exécution de l'article premier de la déclaration du 20 août 1767, & dont ils auront quittance des parties casuelles.

Des officiers du point-d'honneur.

Les rentes & pensions assurées aux officiers du point-d'honneur leur seront continuées jusqu'à leur mort, conformément à l'édit du 13 janvier 1771 ; & l'état desdites rentes & pensions sera rendu public par la voie de l'impression.

De la connétablie.

Les officiers & les gardes de la connétablie qui auront été soumis au centième denier en 1771, seront remboursés conformément aux décrets sur le remboursement des offices de judicature. Les gardes auront, en outre, droit à l'indemnité accordée par l'article XV du décret du 24 décembre 1790.

De la maréchaussée.

1°. Les pourvus d'offices de la

ci-devant compagnie de la maréchaussée de Bourgogne seront remboursés sur le même pied que l'ont été les titulaires de la même compagnie, réformés par l'ordonnance du 18 avril 1778.

2°. Seront aussi les mêmes officiers remboursés aux termes de l'article X des décrets des 2 & 6 septembre 1790, des droits de mutation & de marc d'or qu'ils justifieront avoir payés.

Compagnie de la prévôté.

Les pourvus d'offices de la compagnie de la prévôté de l'hôtel, dont la finance est déterminée par l'édit du mois de mars 1778, & qui justifieront, par les brevets dont ils sont actuellement porteurs, l'avoir payée, en seront remboursés sur le pied porté en l'article II dudit édit. A l'égard des porteurs de brevets de retenue qui excéderoient la finance énoncée en l'article II de l'édit; ou qui seroient relatifs à des offices dont la finance n'a pas été réglée par l'édit, l'assemblée ajourne la question sur le remboursement ou indemnité desdits brevets, pour lui en être fait rapport en même-tems que de ce qui regarde les charges de la maison du roi, suivant le décret du 26 du présent mois, concernant la liste civile.

Des équitations royales.

Les directeurs brévetés d'académies d'équitation sont déclarés susceptibles des récompenses & pensions accordées aux fonctionnaires publics pour raison de leurs services.

Loi additionnelle à celles sur le remboursement des offices militaires, du 27 septembre 1791.

DES OFFICIERS DU POINT-D'HONNEUR.

Les pensions qui étoient attribuées par l'édit du 13 janvier 1771 aux officiers du point d'honneur, & qui, aux termes du décret des 18 & 19 mai dernier, doivent continuer à être payés, seront réparties, en cas de vacance, à compter de l'époque dudit décret, & dans chacune des trois classes des officiers du point-d'honneur, uniquement à raison de l'ancienneté entre lesdits officiers.

Loi relative à la Gendarmerie du Département de Corse du 3 Juin 1791.

L'assemblée nationale considérant que dans le département de Corse il n'y avoit point de maréchaussée, que le ci-devant régiment provincial en a toujours fait le service, après avoir entendu ses comités de constitution & militaire, sur les observations faites par le directoire du département de Corse, décrète que la gendarmerie nationale de ce département sera composée, au moment de cette première formation, d'officiers, sous-officiers & soldats qui aient servi dans le régiment provincial corse ou dans les troupes de ligne; qu'attendu la localité, cette gendarmerie, au lieu de vingt-quatre brigades à cheval, sera composée de trente-six brigades à pied, lesquelles seront divisées en trois compagnies, sous les ordres d'un colonel & de deux lieutenans-colonels; qu'au surplus les décrets rendus sur l'organisation de la gendarmerie en général, seront exécutés en Corse comme dans tous les autres départemens.

Loi relative aux officiers des troupes de ligne qui ont été élus dans la composition actuelle de la gendarmerie nationale, du 11 juin 1791.

L'Assemblée nationale, sur le compte qui lui a été rendu de son décret du 30 mai, renvoyé par décret du 31, à l'examen des comités de constitution & militaire, concernant les officiers rtirés des troupes de ligne

& âgés de plus de quarante-cinq ans, qui ont été élus par les directoires de département dans la composition actuelle de la gendarmerie nationale, persiste dans son décret du 30 mai, & charge son président de se retirer incessamment par-devers le roi pour le présenter à la sanction.

Loi du 30 Mai 1791.

L'Assemblée nationale, après avoir entendu le rapport de ses comités de constitution & militaire, en interprétation de l'article VI du titre II, & des articles VII, VIII & IX du titre VII du décret concernant l'organisation de la gendarmerie nationale, déclare que le titre VII ayant pour objet la composition actuelle de la gendarmerie nationale, & le titre II, l'avancement sur les officiers de ce corps, les dispositions relatives à l'âge des officiers de ligne qui pourront y être admis, énoncées en l'article VI du titre II ne sont point applicables à la présente composition. En conséquence, l'assemblée nationale décrète que les officiers des troupes de ligne, âgés de plus de

45 ans, qui ont été élus par les directoires de département pour la présente composition, sont bien & valablement élus, pourvu que les autres dispositions du décret aient été observées ; & qu'il n'y a pas lieu à empêcher que lesdits officiers élus soient pourvus par le roi.

Loi relative au serment à prêter par les officiers de tout grade, & soldats de l'armée Française, & contenant en outre des dispositions particulières au ci-devant prince de Condé, des 11 & 13 juin 1790.

L'assemblée nationale après avoir entendu ses comités de constitution, militaire, diplomatique, des rapports & des recherches ; après s'être fait rendre compte des différentes pétitions qui lui ont été adressées, tendant à demander le licenciement de l'armée, ou seulement celui des officiers, & déclarant qu'il n'y a lieu à délibérer sur lesdites pétitions, décrète ce qui suit :

ARTICLE PREMIER.

Dorénavant tout fonctionnaire public, en prêtant son serment civique, y comprendra l'*engagement d'honneur*, sous peine de l'*infamie*.

II. Le roi sera prié de faire remplir dans toutes les divisions & corps de l'armée, & sous le plus court délai, par les officiers de tout grade en activité, en leur qualité de fonctionnaires publics, la formalité qui sera ci-après expliquée.

III. Chaque général d'armée & chaque officier-général commandant en chef une division militaire, signera la déclaration suivante :

« Je promets sur mon honneur d'être fidèle à la nation, à la loi & au roi ; de ne prendre part directement ni indirectement, mais au contraire de m'opposer de toutes mes forces à toute conspiration, trame ou complot qui parviendront à ma connoissance, & qui pour-

» roient être dirigés soit contre la » nation & le roi, soit contre la » constitution décrétée par l'assem» blée nationale & acceptée par le « roi; d'employer tous les moyens » qui me sont confiés par les décrets » de l'assemblée nationale, acceptés » ou sanctionnés par le roi, pour » les faire observer à ceux qui me » sont subordonnés par ces mêmes » décrets; consentant, si je manque » à cet engagement, à être regardé » comme un homme infame, in» digne de porter les armes & » d'être compté au nombre des ci» toyens françois ».

Cette déclaration sera remise par les généraux d'armée ou autres officiers généraux commandant en chef les divisions militaires, dans le lieu de leur résidence habituelle, aux corps administratifs & municipaux dudit lieu appelés à cet effet, en présence des troupes assemblées et sous les armes. Lesdits corps administratifs et municipaux, après avoir pris connoissance de cette déclaration et l'avoir transcrite sur leurs registres, l'adresseront au ministre de la guerre.

IV. Une déclaration pareille sera remise par les maréchaux-de-camp employés sous les généraux commandans de division, auxdits généraux; par les colonels de corps, aux maréchaux-de-camp aux ordres desquels ils se trouvent; par les officiers de chaque corps, à leurs colonels ou commandans respectifs; et toutes ces déclarations repassant de grade en grade, parviendront aux généraux commandans de division qui les adresserons au ministre de la guerre.

V. Faute de la part d'un officier, de quelque grade qu'il soit, de se conformer aux dispositions des articles précédens, dans le délai qui lui sera fixé par le roi, il sera censé réformé par le fait même de son refus; et en conséquence il lui sera attribué pour traitement de réforme, le quart du traitement dont il jouit actuellement, à moins que, conformément au décret du 3 août 1790, il n'ait droit, par son ancienneté, à un traitement plus considérable, qui, dans ce cas, lui seroit accordé.

VI. L'assemblée nationale prenant en considération le malheur d'hommes libres qu'abuseroient des préjugés invétérés, ou des suggestions coupables, défend qu'il soit fait aucune insulte ou mauvais traitement à ceux qui pourroient refuser de se conformer aux dispositions des articles III et IV du présent décret, enjoignant aux dépositaires des loix et de la force publique, de leur accorder la protection due à tout citoyen qui ne trouble point l'ordre de la société.

VII. Chaque colonel ou commandant de régiment, après avoir reçu la déclaration signée des officiers, et après avoir fait, conformément à la loi, les remplacemens qui pourroient être nécessités par la réforme de ceux desdits officiers qui ne se seroient point conformés au présent décret, assemblera le régiment, et lui donnera connoissance de l'engagement d'honneur contracté par les officiers présens; après quoi les sous-officiers et soldats leveront la main, en signe d'acquiescement et d'adhésion, et s'associeront au même engagement.

VIII. Le ministre de la guerre rendra public par la voie de l'impression, le tableau de tous les officiers de l'armée qui auront rempli l'obligation prescrite par les articles ci-dessus, et nul individu de ceux qui ont droit à remplacement dans l'armée, ne sera remplacé qu'auparavant il n'ait rempli la même obligation.

IX. Les officiers actuellement au service et qui auront satisfait au présent décret, recevront du roi une lettre de confirmation, ainsi conçue:

« LOUIS, etc.

» Sur le compte qui nous a été « rendu, que (un tel), officier » du grade de . . . . . . dans le

» régiment ou dans le corps
» de . . . . . avoit rempli l'obli-
» gation prescrite par les articles
» III et IV du décret de l'assem-
» blée nationale, des 11 et 13 juin
» 1791, le confirmons au nom de
» la nation et au nôtre, comme
» chef suprême de l'armée, dans
» son grade et emploi, pour en
» exercer les fonctions conformé-
» ment aux loix de l'état et aux
» réglemens militaires.

» Mandons aux officiers géné-
» raux et autres, à qui il appar-
» tiendra, qu'ils ayent à le faire
» jouir des droits, appointemens,
» honneurs et autorité attachés aux-
» dits grade et emploi: en foi de
» quoi nous avons signé et fait
» contre-signer ces présentes, etc. ».

X. Lorsque le corps de la marine sera formé d'après la nouvelle organisation décrétée, le même engagement d'honneur décrété pour les officiers de terre, sera exigé de tous les officiers de la marine individuellement, au moment où ils recevront leurs nouveaux grades.

XI. Le roi sera prié d'ordonner à toutes les troupes de ligne qu'elles aient à se tenir prêtes à se rendre dans des camps d'instruction, où elles s'occuperont d'évolutions et de tous autres exercices relatifs à l'art de la guerre.

XII. Les ministres de la guerre et de la marine rendront compte à l'assemblée nationale de l'exécution du présent décret.

XIII. Le roi sera prié de faire porter sur le champ au pied de guerre, tous les régimens destinés à couvrir la frontiere du royaume, et de faire approvisionner les arsenaux de munitions suffisantes pour en fournir même les gardes nationales, en proportion du besoin.

XIV. Il sera fait incessamment dans chaque département une conscription libre de gardes nationales de bonne volonté, dans la proportion d'un sur vingt, à l'effet de quoi les directoires de chaque district inscriront tous ceux qui se présenteront, et enverront les différens états avec leurs observations aux directoires de département, qui en cas de concurrence, feront un choix parmi ceux qui se seront fait inscrire.

XV. Les volontaires ne pourront se rassembler ni nommer leurs officiers que lorsque les besoins de l'etat l'exigeront, et d'aprés les ordres du roi envoyés au directoire en vertu d'un décret du corps législatif. Les volontaires seront payés par l'état lorsqu'ils seront employés au service de la patrie.

XVI. L'assemblée nationale décrete que son président se retirera dans le jour pardevers le roi, pour le prier de faire notifier dans le plus court délai possible à Louis-Joseph de Bourbon-Condé, que sa résidence près des frontieres, entouré de personnes dont les intentions sont notoirement suspectes, annonce des projets coupables.

XVII. Qu'à compter de cette déclaration à lui notifiée, Louis-

Joseph de Bourbon-Condé sera tenu de rentrer dans le royaume, dans le délai de quinze jours, ou de s'éloigner des frontieres en déclarant formellement, dans ce dernier cas, qu'il n'entreprendra jamais rien contre la constitution décrétée par l'assemblée nationale et acceptée par le roi, ni contre la tranquillité de l'état.

XVIII. Et à défaut par Louis-Joseph de Bourbon-Condé de rentrer dans le Royaume, ou en s'en éloignant, de faire la déclaration ci-dessus exprimée dans la quinzaine de la notification, l'assemblée nationale le déclare rebelle, déchu de tout droit à la couronne, le rend responsable de tous les mouvemens hostiles qui pourroient être dirigés contre la France sur la frontiere; décrete que ses biens seront séquestrés, & que toute correspondance & communication avec lui ou avec ses complices & adhérens demeureront interdites à tout citoyen françois sans distinction, à peine d'être pourſuivis & punis comme traîtres à la patrie; & dans le cas où il ſe préſenteroit en armes ſur le territoire de France, enjoint à tout citoyen de lui courir ſus, & de ſe ſaiſir de ſa perſonne ainſi que de celles de ſes complices & adhérens.

XIX. Le roi ſera prié d'ordonner aux départemens, diſtricts, municipalités & tribunaux de veiller d'une maniere ſpéciale à la conſervation des propriétés de Louis-Joſeph de Bourbon-Condé.

XX. Le roi ſera également prié d'ordonner aux départemens et districts, aux municipalités et aux tribunaux de faire informer contre tous embaucheurs, émissaires et autres qui entreprendroient d'enrôler ou faire déserter aucun soldat françois.

Loi de l'assemblée nationale, du 22 *juin* 1791.

L'assemblée nationale décrete :

Que le ministre de la guerre expédiera, dans la journée, les brevets de tous les officiers ou sous-officiers de la gendarmerie nationale, dont la nomination est en état.

Qu'il donnera l'ordre à tous les officiers, sous-officiers ou gendarmes de la gendarmerie nationale, de se rendre sur-le-champ à leurs postes respectifs.

Que les comités de constitution et militaire présenteront dans la journée, ou demain matin, les articles additionnels nécessaires pour que l'organisation de la gendarmerie nationale soit complétement achevée dans le plus court délai.

Signé des ministres.

Loi de l'assemblée nationale, du 23 juin 1791.

L'assemblée nationale décrète que M. François-Claude-Amour de Bouillé est suspendu de ses fonctions militaires.

Elle défend à toutes personne

exerçant des fonctions civiles ou militaires, de reconnoître son commandement, et d'obéir à ses ordres.

Elle ordonne aux tribunaux, corps administratifs et municipalités, de le faire conduire à Châlons, pour être ensuite statué ce qu'il appartiendra, et aux gardes nationales, troupes de ligne et à tout citoyen de prêter main-forte pour son arrestation. Elle autorise ses commissaires, dont l'envoi a été décrété ce jour même, pour recevoir le serment des troupes, à suspendre, si les circonstances l'exigent, les officiers qui commandent sous les ordres de M. de Bouillé.

Elle ordonne aux tribunaux, corps administratifs, municipalités, gardes nationales, troupes de ligne, et à toutes personnes qui en seront requises, d'obéir aux ordres qui pourront lui être donnés par lesdits commissaires, pour l'exécution du présent décret.

Signé des ministres.

Loi de l'assemblée nationale du 22 juin 1791.

L'assemblée nationale décrete :

1°. Que le serment ordonné les 11 et 13 juin présent mois, sera prêté dans la forme qui suit :

« Je jure d'employer les armes » remises en mes mains à la défense » de la patrie, et à maintenir contre » tous ses ennemis du dedans et du » dehors, la constitution décrétée » par l'assemblée nationale ; de » mourir plutôt que de souffrir l'in» vasion du territoire Français par » des troupes étrangeres, et de » n'obéir qu'aux ordres qui seront » donnés en conséquence des dé» crets de l'assemblée nationale ».

2°. Que des commissaires pris dans le sein de l'assemblée, seront envoyés dans les départemens frontières, pour y recevoir le serment ci-dessus, dont il sera dressé procès-verbal, pour y concerter avec les corps administratifs et les commandans des troupes, les mesures qu'ils croiront propres au maintien de l'ordre public et à la sûreté de l'état, et faire à cet effet toutes les réquisitions nécessaires.

3°. En conséquence l'assemblée nationale nomme pour commissaires MM. de Custine, Chasset et Reignier, pour les départemens du Haut Rhin, du Bas-Rhin et des Vosges; MM. Desprez de Crassier, Regnault de Saint-Jean-d'Angély et Lacour d'Ambezieux, pour les départemens de l'Ain, de la Haute-Saône, du Jura et du Doubs; MM. Biron, Alquier et Boullé, pour les départemens du Nord et du Pas-de-Calais; MM. de Montesquiou, de Vismes et Colonna, pour les départemens des Ardennes, de la Meuse et de la Mozelle; MM. de Sinetty, Prieur et Ramel Nogaret, pour le département du Finistère. Ordonne qu'immédiatement après la prestation du serment des troupes, MM. de Custine, Montesquiou, Desprez de Crassier, Biron et de

Sinetty, viendront rendre compte à l'assemblée nationale de l'état des départemens qu'ils auront visités.

Signé des ministres.

Loi additionnelle relative à la gendarmerie nationale, du 22 juin 1791.

L'assemblée nationale, sur la proposition qui lui a été faite par ses comités de constitution et militaire, de quelques articles additionnels nécessaires à la prompte organisation de la gendarmerie nationale, décrète ce qui suit :

ARTICLE PREMIER.

Les anciens exempts de la ci-devant maréchaussée, qui ont continué leur service en qualité de maréchaux-des-logis, et qui seront appelés à être officiers, reprendront leur ancienneté à la date de leur commission d'exempts, et concourront pour la présente composition, avec les sous-lieutenans de la ci-devant maréchaussée, aux grades supérieurs.

II. Les remplacemens à faire et l'avancement dans le corps de la gendarmerie nationale, qui, selon les articles X et XI du titre II de la loi, doivent avoir lieu par tour d'ancienneté, auront lieu relativement à la totalité des divisions, lesquelles ne font qu'un seul corps.

III. Les colonels de la gendarmerie nationale feront leur résidence dans le chef-lieu du département le plus central de la division, et le ministre de la guerre est autorisé à fixer ces résidences.

IV. Les retraites à accorder à ceux des inspecteurs et prévôts généraux de la gendarmerie nationale, qui ne pourront être faits colonels divisionnaires, seront fixées sur le pied de la totalité des appointemens et traitemens; savoir, dans la proportion de quatre mille livres pour les ci-devant prévôts, et de six mille livres pour les ci-devant inspecteurs;

et quant à ceux qui, par l'ancienneté de leurs services, ont droit à une plus forte retraite, les décrets concernant les pensions, gratifications et autres récompenses seront observés.

V. La gendarmerie nationale ne rendra des honneurs qu'à l'assemblée nationale en corps, au roi, à l'héritier présomptif de la couronne, au régent et aux officiers-généraux en activité.

VI. Les officiers, sous-officiers et gendarmes de la gendarmerie nationale, sont autorisés à visiter les auberges ou cabarets et autres maisons ouvertes au public, pour y faire la recherche des personnes suspects : quant à la visite des maisons particulieres, ils la feront à la réquisition des officiers de police ou de justice, ou à celle des propriétaires, locataires et fermiers desdites maisons ; et au surplus ils se conformeront dans les cas d'arrestation, à ce qui est prescrit dans le décret concernant les jurés.

VII. Le paiement du service extraordinaire de la ci-devant maréchaussé et robe-courte, doit être continué jusqu'à l'entière organisation du corps de la gendarmerie nationale. Le ministre est autorisé à ordonner ce paiement, et à fixer l'epoque où il devra cesser pour être établi sur le nouveau pied.

VIII. On continuera d'exiger des gendarmes nationaux la taille de cinq pieds quatre pouces, prescrite par l'ordonnance de 1778, laquelle sera d'ailleurs exécutée dans tous les objets auxquels il n'a pas été dérogé par la loi concernant la gendarmerie nationale.

IX. La gendarmerie nationale ne fera point partie des cérémonies publiques; elle se tiendra seulement à portée pour y maintenir l'ordre et la tranquillité.

X. Dans le cas où, lors de la nomination d'un capitaine de gendarmerie, ou d'un lieutenant, il y auroit un partage de voix, la place appartiendra au militaire le plus ancien en grade, à grade égal.

En vertu des décrets des 21 et 25 juin 1791 : pour le roi. *Signé* M. L. F. DU PORT.

Loi relative au licenciement des gardes du corps, du 25 juin 1791.

L'assemblée nationale décrète que les gardes du corps seront licenciés, et que son comité militaire lui présentera incessamment le mode d'exécution de ce licenciement.

Loi relative aux officiers & cavaliers de la ci-devant maréchaussée, susceptibles de remplacement dans la gendarmerie nationale, du 26 juin 1791.

L'assemblée nationale décrète que les officiers et cavaliers de maréchaussée, inculpés, et contre lesquels il pourroit y avoir lieu à quelque poursuite, sont susceptibles de remplacement dans la gendarmerie nationale, jusqu'à ce que l'assemblée ait prononcé sur les tribunaux qui doivent juger des délits qui seroient commis par les membres de ce corps.

Loi relative aux couleurs et à la forme des drapeaux, étendards et guidons des régimens des différentes armes, du 30 juin 1791.

L'assemblée nationale, oui le rapport de son comité militaire, décrète les articles suivans :

ARTICLE PREMIER.

Le premier drapeau de chaque régiment d'infanterie Françoise, Allemande, Irlandoise et Liégeoise, de chaque régiment d'artillerie, ainsi que le drapeau de chaque bataillon d'infanterie légère ; le premier étendard de chaque régiment de cavalerie françoise, de hussards, chasseurs à cheval, et de carabiniers; le premier guidon de chaque régiment de dragons, porteront désormais les trois couleurs nationales, suivant les dispositions et formes qui seront présentées à l'assemblée par son comité militaire.

II. Les autres drapeaux des régimens d'infanterie Françoise, Allemande, Irlandoise et Liégeoise, et des régimens d'artillerie; les autres étendards des régimens de cavalerie Françoise, de hussards, de chasseurs à cheval et de carabiniers; les autres guidons de chaque régiment de dragons, porteront désormais les couleurs affectées à l'uniforme de chaque régiment, suivant les dispositions et formes qui seront présentées à l'assemblée par son comité militaire.

III. Tous les drapeaux, étendards et guidons, porteront d'un côté l'inscription suivante: *discipline et obéissance à la loi*; de l'autre côté, le numéro du régiment.

IV. Les cravates de tous les drapeaux, étendards et guidons, seront aux couleurs nationales.

V. Ceux des régimens qui portoient dans leurs drapeaux, étendards et guidons, des preuves honorables de quelques actions éclatantes à la guerre, conserveront ces marques de leur bonne conduite et de leur valeur : mais toutes armoiries ou autres distinctions qui pourroient avoir quelque rapport à la féodalité, seront entièrement supprimées sur les drapeaux, étendards et guidons.

Loi relative aux François qui ont servi chez les puissances étrangères, et qui sont rentrés en France depuis la révolution, du 30 juin 1791.

L'assemblée nationale décrète que le ministre de la guerre est autorisé à employer dans l'armée les François qui ont servi chez les puissances étrangères, et qui sont rentrés en France depuis l'époque de la révolution.

Loi qui autorise les officiers-généraux à choisir leurs aides-de-camp parmi les officiers qui ne seront pas brévetés depuis dix ans, du 30 juin 1791.

L'assemblée nationale décrète que les officiers-généraux employés pourront choisir leurs aides-de-camps, pour cette fois seulement, parmi les officiers qui ne seront pas brévetés depuis dix ans.

Loi concernant les lieutenans-colonels des bataillons de garnison de troupes provinciales, susceptibles d'être faits maréchaux de camp, du 2 juillet 1791.

L'assemblée nationale décrète que les lieutenans-colonels, qui commandoient depuis dix ans des bataillons de garnison de troupes provinciales, réformés par les précédents décrets, seront susceptibles d'être faits maréchaux de-camp, et d'obtenir ce grade conformément aux décrets des 15 février et 3 mars derniers.

Loi sur les moyens de compléter la défense des frontières, du 3 juillet 1791.

L'assemblée nationale, après avoir entendu son comité militaire sur les moyens de compléter la défense des frontières au nord du royaume, décrète ce qui suit :

ARTICLE PREMIER.

Ceux des régimens de l'armée, y compris les sept régimens d'artillerie qui n'ont pas encore reçu l'ordre de se porter au complet de 750 hommes par bataillons, et de 170 hommes par escadron, recevront cet ordre, et l'exécuteront sans délai.

II. Le nombre des gardes nationales mises en activité par le décret du 25 du mois dernier, sera porté à 18 mille hommes, dont 8,000 hommes sur la Somme, et 10,000 pour la défense des frontières des Ardennes, de la Meuse et de la Mozelle.

III. Il sera mis de plus en activi[té] dans les départemens du Rhin 8,000 hommes de gardes nationales, qui seront fournis par les départemens du Doubs, du Jura, de la haute-Saône, des Vôges, du haut et du bas-Rhin.

IV. La quantité de gardes nationales à fournir par chaque département en particulier, lui sera indiquée par le ministre de la guerre, ainsi que le lieu où il devront se porter.

Loi relative aux officiers et sous-officiers de terre et de mer, pour l'exercice de leurs droits de citoyens actifs, du 6 juillet 1791.

L'assemblée nationale décrete ce qui suit :

Les officiers, sous-officiers, ou autres,

autres, attachés au service de terre et de mer, domiciliés habituellement dans les lieux où ils se trouveront, soit en garnison, soit en activité de service, pourront y exercer leurs droi s de citoyens actifs, s'ils réunissent d'ailleurs les conditions requises.

Loi relative aux régimens et bataillons coloniaux & autres troupes employées à la défense des colonies et des possessions nationales hors du royaume, du 11 *juillet* 1791.

L'assemblée nationale, ouï le rapport de son comité de marine, décrète :

ARTICLE PREMIER

Les régimens et bataillons coloniaux des isles de France, de Bourbon, Pondichéry, Port-au-Prince, du Cap, la Martinique, la Guadeloupe, la Guyanne d'Afrique, Saint-Pierre et Miquelon, le bataillon auxiliaire, ainsi que l'artillerie des colonies, et les six compagnies de Cipayes de Pondichéry, et toutes autres troupes soldées employées à la défense des colonies et des possessions nationales hors du royaume, seront, à l'avenir, sous la direction du département de la guerre.

II. Le comité militaire présentera incessamment les articles nécessaires pour la remise des fonds que le département de la marine doit faire au département de la guerre pour l'entretien de ces troupes, et pour déterminer le rang que les officiers des colonies doivent prendre dans l'armée.

Loi relative aux rations de fourrage accordées aux maréchaux de France et officiers-généraux, du 12 juillet 1791.

L'assemblée nationale, après avoir entendu son comité militaire, décrète :

ARTICLE PREMIER.

Indépendamment des traitemens fixés par les décrets des 18 août, 5 octobre 1790, et 4 mars 1791, aux maréchaux-de-France, aux lieutenans-généraux commandant en chef, aux lieutenans-généraux commandant les divisions, aux maréchaux-de-camp employés, aux adjudans-généraux et aides-de-camp, suivant leur grade, il leur sera accordé un nombre de rations de fourrage proportionnel à leur grade, savoir :

A chaque maréchal de France et lieutenant-général commandant en chef, douze rations.

A chaque Lieutenant-général commandant de division, huit rations.

A chaque maréchal-de-camp employé, six rations.

A chaque adjudant-général ou aide-de-camp-colonel, quatre rations.

A chaque adjudant-général ou aide-de-camp lieutenant-colonel, trois rations.

A chaque aide-de-camp, deux rations.

II. Ces rations de fourrage seront payées à ces officiers à raison de 15 sols par jour, ou de 270 livres par an de 360 jours, cumulativement avec leurs appointemens, et ils ne pourront exiger qu'elles leur soient fournies en nature pendant la guerre.

Loi relative au cinquante-troisième régiment ci-devant Alsace, *et au quatre-vingt-cinquième ci devant* de Foix, *du* 12 *juillet* 1791.

L'assemblée nationale informée, par le rapport de son comité militaire, du dévouement civique que le cinquante-troisième régiment d'infanterie, ci-devant *Alsace*, et le quatre-vingt-cinquième régiment d'infanterie, ci-devant *Foix*, ont manifesté à Givet, non-seulement en se livrant aux travaux nécessaires à la défense de la place, mais encore en avançant l'argent de leur masse, et en offrant jusqu'à leur prêt pour les accélérer, décrète ce qui suit :

ARTICLE PREMIER.

Le président sera chargé d'écrire au nom de l'assemblée nationale, une lettre de satisfaction aux cinquante-troisième et quatre-vingt-cinquième régimens d'infanterie.

II. Le cinquante-troisième régiment d'infanterie, ci-devant *Alsace*, cessera dès ce moment d'être compris sur l'état de l'infanterie allemande; il prendra l'uniforme de l'infanterie françoise, y occupera, dans la ligne, le rang que son ancienneté lui assigne.

III. Le ministre de la guerre donnera sur le champ les ordres nécessaires pour que les avances faites pour le service de l'état, sur les masses des cinquante-troisième et quatre-vingt-cinquième régimens d'infanterie, leur soient remboursées sans délai, au nom de la patrie.

Loi relative aux employés des hôtels de la guerre de Paris, Versailles, Compiegne & Fontainebleau, du 16 juillet 1791.

L'assemblée nationale, après avoir entendu son comité militaire sur une des parties des dépenses du département de la guerre, décrète que celle des employés des hôtels de la guerre de Paris, Versailles, Compiegne et Fontainebleau attachés à ce département, sera réduite de la somme de soixante-deux mille huit cent six livres, à celle de vingt-cinq mille livres, à compter du 25 juillet prochain.

L'état des employés conservés avec la répartition des fonds assignés à leur traitement, sera communiqué à l'assemblée nationale, et l'état des employés qui seront supprimés, sera remis par le ministre de la guerre au comité des pensions.

Loi relative aux régimens d'infanterie allemande, irlandoise et liégeoise, du 21 juillet 1791.

L'assemblée nationale décrète que le quatre-vingt-seizieme régiment d'infanterie, ci-devant Nassau, et tous ceux ci-devant désignés sous le nom de régimens d'infanterie *allemande*, *irlandoise* et *liégeoise*, font partie de l'infanterie françoise; qu'en conséquence ils ne font avec elle qu'une seule et même arme; qu'ils prendront l'uniforme françois, suivront la même discipline que les autres troupes françoises; et qu'à compter du premier de ce mois, ils seront traités de la même maniere relativement à la solde, aux appointemens et à la fixation des différentes masses.

Loi relative à la gendarmerie nationale, du 22 juillet 1791.

L'assemblée nationale décrète ce qui suit:

ARTICLE PREMIER.

Il sera fourni par le ci-devant commandant de la compagnie de robe-courte, un état des surnuméraires employés dans ladite compagnie à la date du 1er. janvier 1791, et cet état sera certifié par le commissaire des guerres, inspecteur de ladite compagnie. Le directoire du département de Paris inscrira lesdits surnuméraires sur le registre ordonné par l'article II du titre II, afin qu'ils soient remplacés, de préférence à tous autres sujets, dans les deux compagnies de gendarmerie nationale attachées au service des tribunaux, sans qu'aucun desdits surnuméraires puisse être recherché sur le temps de service qui lui manqueroit pour y être admis.

II. Les gendarmes de la ci-devant robe-courte ne recevant plus d'extraordinaire, sont rappelés de leur traitement, à compter du 1er. janvier 1791, sur le pied fixé par l'article

IV du titre VI de la loi sur la gendarmerie nationale. L'assemblée nationale amendant en ce point l'article VII de son décret du 22 juin 1791, le ministre de l'intérieur est autorisé à donner pour leur paiement des mandats sur le trésor public.

III. Il sera attaché un commis du secrétaire-greffier au service des deux compagnies de gendarmerie nationale servant auprès des tribunaux de Paris; son traitement sera de 600 livres, conformément à l'article II du titre V.

IV. Les commis au secrétariat seront choisis par le secrétaire-greffier, qui en répondra. Le secrétaire-greffier et les commis seront pourvus de commissions par le ministre de l'intérieur, sur la présentation du colonel qui recevra leur serment.

V. Dans la formation actuelle, la distribution des brigades, et les résidences des officiers, sous-officiers et gendarmes nationaux, seront faites ainsi qu'il est prescrit par les articles

VIII et XVI du titre Ier; mais le placement des officiers, sous-officiers et gendarmes sera fait par le ministre de la guerre.

VI. Les officiers, sous-officiers et gendarmes de la gendarmerie nationale, faisant leur service à cheval, ne pourront rester plus de quinze jours sans être montés; et cependant le colonel, sur les raisons qui lui seront alléguées, pourra étendre ce terme jusqu'à un mois, et non au-delà.

Dans le cas où aucun officier, sous-officier ou gendarme ne se conformeroit pas à cette loi, il sera défalqué; savoir, aux officiers de tout grade, quarante sous par jour, et aux sous-officiers et gendarmes, trente-cinq sous, à compter du jour où il aura cessé d'être monté.

Enfin, s'il négligeoit de se monter dans le cours du second mois, il sera censé avoir renoncé à son état, et le colonel sera tenu d'en rendre compte au ministre de la guerre, lequel destituera le délinquant sans préjudice de la retenue : lesdites retenues tourneront au profit de la masse.

VII. Les lettres de passe dans le corps de la gendarmerie nationale, auront lieu comme par le passé, d'une résidence à une autre, toutes les fois que les circonstances l'exigeront; les sous-officiers et gendarmes seront tenus de s'y conformer sous peine de destitution.

Loi relative à la défense des frontieres, du 22 juillet 1791.

L'assemblée nationale, ouï le rapport des comités militaire et diplomatique, sur les moyens de pourvoir à la défense extérieure de l'état, décrète ce qui suit :

1°. Il sera mis sur le champ en activité quatre-vingt-dix-sept mille hommes de gardes nationales, y compris les vingt-six mille qui, par le décret précédent, ont été destinés à la défense des frontières du nord. Ces gardes nationales seront soldées

& organisées conformément aux précédens décrets, et seront distribués ainsi qu'il suit :

1ere. DIVISION.

De Dunkerque à Givet.

Huit mille hommes fournis par les départemens de la Somme, de l'Oise, de l'Aisne, du Pas-de-Calais et du nord.

2e. DIVISION.

De Givet à Bitche.

Dix mille hommes fournis par les départemens de la Marne, les Ardennes, la Meuse, la Meurthe et la Moselle.

3e. DIVISION.

De Bitche à Huningue et Betfort.

Huit mille hommes fournis par les départemens du haut et bas-Rhin.

4e. DIVISION.

De Betfort à Belley.

Dix mille hommes fournis par es dépa rtemens des Vosges et de la haute-Saône, du Doubs, du Jura et de l'Ain.

5e. DIVISION.

De Belley à Entrevaux-sur-le-Var.

Huit mille hommes fournis par les départemens de l'Izère, les hautes-Alpes, les basses Alpes et la Drôme.

6e. DIVISION.

De la Méditerranée, depuis l'embouchure du Var jusqu'à celle du Rhône

Quatre mille hommes fournis par les départemens du Var et des Bouches-du-Rhône.

7e. DIVISION.

De l'embouchure du Rhône jusqu'à l'étang de Leucate.

Trois mille hommes fournis par les départemens du Gard, de l'Hérault et de l'Aude.

8e. DIVISION.

De Perpignan à Bayonne.

Dix mille hommes fournis par les

départemens des Pyrénées orientales, de l'Ariége, de la haute-Garonne, des hautes-Pyrénées et des basses-Pyrénées.

9ᵉ. DIVISION.

De l'Océan, depuis Bayonne jusqu'à l'embouchure de la Gironde.

Quatre mille hommes fournis par les départemens des Landes et de la Gironde.

10ᵉ. DIVISION.

De l'embouchure de la Gironde à celle de la Loire.

Trois mille hommes fournis par les départemens de la Charente inférieure, de la Vendée, de la Loire inférieure, des deux Sévres, et Maine et Loire.

11ᵉ. DIVISION.

De l'embouchure de la Loire à Saint-Malo.

Cinq mille hommes fournis par les départemens du Morbihan, du Finistère et des côtes du Nord.

12e. DIVISION.

De Saint-Malo au grand-Vay.

Trois mille hommes fournis par les départemens de l'Isle et Vilaine, la Manche et la Mayenne.

13e. DIVISION.

Du grand-Vay à l'embouchure de la Somme.

Quatre mille hommes fournis par les départemens du Calvados, de la Seine inférieure et de l'Eure.

14e. DIVISION.

L'isle de Corse.

Deux mille hommes fournis par le département de l'isle de Corse.

15e. DIVISION.

Il sera formé une réserve de quinze mille hommes placés sur Senlis, Compiègne, Soissons et lieux circonvoisins. Elle sera fournie par les départemens ci-après dénommés savoir,

Paris.

Seine et Oise.
Seine et Marne.
L'Aube.
L'Yonne.
Loiret.
L'Eure et Loire.
L'Orne.
La Sarthe.
Loir et Cher.
La Nièvre.
Cher.
La Côte-d'or.
La haute Marne.
L'Indre et Loire.
L'Indre.

2°. Le ministre de la guerre nommera sur le champ une commission composée d'officiers d'artillerie et de génie, lesquels seront chargés de parcourir ensemble ou séparément les principales frontières du royaume, de prendre connoissance de l'état des places, des travaux qui y ont été commencés, et de ceux qui sont nécessaires pour compléter leur défense; de donner provisoirement des ordres pour les travaux qu'ils jugeront les plus pressans, d'en rendre compte aux commandans en chef des divisions et au ministre de la guerre, qui communiquera à l'assemblée les informations qu'ils lui auront fait parvenir.

Il sera fait un fonds de quatre millions pour pourvoir aux dépenses les plus instantes qu'exige la continuation des travaux commencés et la réparation des places. Le ministre rendra compte de leur emploi, et présentera l'état des dépenses ultérieures qui pourroient être nécessaires.

3°. Le nombre des chevaux d'équipage d'artillerie sera porté à trois mille.

4°. Il sera nommé par l'assemblée nationale, des commissaires pris dans son sein, pour aller dans les départemens qui leur seront désignés, surveiller et presser l'exécution tant du présent décret que de ceux qui ont été précédemment rendus pour le paiement des contributions publiques, pour la défense de l'état, pour le rétablissment de l'ordre et de la discipline dans l'armée, et rendre compte sur tous ces objets à l'assemblée nationale.

Il leur sera remis une instruction relative à ces objets.

Décrète en outre que le ministre de la guerre est autorisé à porter la surveillance et l'autorité de M. de Rochambeau jusqu'à Bitche.

Loi relative à la garde des forts, postes et frontières du côté du territoire de Porentruy, du 23 juillet 1791.

L'assemblée nationale décrète que sur les gardes nationales qui se sont déjà fait inscrire dans le département du Doubs, il sera mis sur le champ, et en attendant la formation générale décrétée par l'assemblée, un bataillon complet en activité, lequel sera destiné à la garde des forts, postes et frontières du côté du territoire de Porentruy, sous les ordres du commandant militaire; ordonne que le ministre de la guerre donnera des ordres en conséquence dans le plus court délai.

Loi relative au rétablissement de la discipline militaire, des 24 et 25 juillet 1791.

L'assemblée nationale, instruite que plusieurs régimens de l'armée sont dépourvus d'un grand nombre de leurs officiers, dont les uns ont été destitués illégalement par les soldats, tandis que d'autres ont abandonné d'eux-mêmes le poste où l'honneur leur faisoit un devoir de mourir pour le maintien de la discipline; fortement décidée à la rétablir dans toute sa vigueur; considérant que, par la nature de l'engagement que les militaires contractent envers la nation, le sacrifice de leur vie n'est ni le seul, ni même le plus grand qu'elle soit en droit d'exiger d'eux, mais qu'ils lui doivent celui d'une portion considérable de leur indépendance, à laquelle ils renoncent momentanément pour mieux assurer la liberté de leurs concitoyens; qu'ainsi l'honneur d'un brave et loyal soldat ne peut pas être plus gravement compromis par une lâcheté, qu'il ne le seroit par un acte d'insubordination ou de licence; voulant que désormais de semblables actes soient punis irrémissiblement dans toutes les classes du militaire, et que pour ôter tout prétexte d'excuse, les fautes et délits de ce genre qui seroient commis à l'avenir, ne puissent être confondus avec ceux dont il est possible de rejeter le blâme sur les circonstances dont nous sortons; après avoir entendu le rapport de son comité militaire, décrète ce qui suit :

ARTICLE PREMIER.

Les officiers qui depuis l'époque du premier mai dernier, ont abandonné volontairement leur corps ou leurs drapeaux sans avoir donné leur démission, et qui sont ensuite passés à l'étranger, seront incessamment poursuivis comme transfuges par les commissaires-auditeurs des guerres, et jugés par les cours martiales. Il en sera de même à l'égard des officiers qui ayant donné leur démission, sont ensuite passés à l'étranger, si dans le délai de six semaines, à compter du jour de la publication du présent décret, ils ne sont pas rentrés dans le royaume, où les corps administratifs et les municipalités veilleront à ce que les loix protectrices de la sûreté des personnes et des biens soient spécialement observées à leur égard.

II. Les officiers qui sans être passés à l'étranger, ont abandonné volontairement leur corps ou leurs drapeaux sans permission ni congé, seront censés avoir renoncé pour toujours au service, et ne pourront prétendre à aucun remplacement ni avancement.

III. A l'égard des officiers qui ont été forcés de quitter leur corps en conséquence de soupçons élevés contre eux, mais non légalement vérifiés, ils reprendront leurs places dans leurs régimens, ou s'ils l'aiment mieux, ils seront pourvus des places équivalentes dans d'autres corps, pourvu que ces officiers n'aient pas refusé le serment prescrit par le décret du 22 juin dernier ; et dans le cas où ils n'auroient pas été à portée de le prêter, à leur régiment, qu'ils l'y fassent sous quinzaine.

IV. La disposition de l'article V du décret du 24 juin dernier, par laquelle la moitié des emplois vacans dans les différens corps a été réservée aux sous-officiers des corps dans lesquels ils vaqueroient, n'aura pas lieu à l'égard des régimens qui se sont permis des destitutions; et dans ces mêmes régimens la nomination aux places d'officiers, spécialement affectée aux sous officiers par la loi du 23 septembre 1790, demeurera suspendue jusqu'à ce qu'il en ait été autrement ordonné, d'après le compte qui pourra être rendu par les officiers généraux et supérieurs, de la bonne conduite de ces mêmes corps.

V. Toute faute ou délit militaire commis avant ce jour (autres néanmoins que les délits spécifiés dans les deux premiers articles du présent décret, et les crimes de désertion, d'embauchage ou de trahison), toutes plaintes portées en conséquence, mais non encore jugées, toutes condamnations intervenues à l'occasion de ces fautes et délits, mais non encore exécutées, seront censées et réputées non avenues. En conséquence la liberté sera rendue aux accusés ou condamnés qui se trouvent prisonniers, et il sera expédié à tous ceux qui sont dans les cas du présent article, des cartouches pures et simples.

VI. A l'avenir, et à compter de ce jour, tout acte d'insubordination et de désobéissance, toute contravention aux loix de la discipline militaire, seront punis suivant l'exigence des cas et la rigueur des ordonnances; les commissaires-auditeurs des guerres seront tenus de poursuivre les délinquans lorsqu'ils leur seront particulièrement dénoncés ou indiqués par la notoriété publique, et demeureront personnellement responsables de leur négligence à cet égard.

VII. Du jour de la publication du prsent décret, les sous-officiers seront personnellement responsables des mouvemens combinés qui se feront dans les régimens contre la personne des officiers, lorsque les coupables apparens de semblables désordres ne seront pas d'abord désignés ou connus; dans ce cas, les commissaires-auditeurs des guerres seront tenus de poursuivre et fairejuge rpar les cours martiales: lesdits sous officiers qui ne pourront encourir de moindre peine que celle d'être cassés et déclarés indignes de porter les armes pour le service de la patrie, à moins qu'ils ne prouvent qu'ils n'ont point eu de part aux mouvemens, qu'ils ont pris toutes les précautions qui dépendoient d'eux pour les arrêter, et qu'ils en ont averti les chefs dès qu'ils en ont eu connoissance.

VIII.

VIII. En cas de mouvemens combinés dans les régimens contre l'ordre et la discipline militaire en général, les sous-officiers et soldats en seront graduellement responsables, suivant l'ordre de leur grade ou de leur ancienneté, lorsque les coupables apparens de semblables désordres ne seront pas d'abord désignés ou connus; dans ce cas, les commissaires-auditeurs seront tenus de rendre plainte contre les sergens-majors ou maréchaux-des-logis en chef, premiers sergens ou maréchaux-des-logis, premiers caporaux ou brigadiers, appointés et plus anciens soldats, cavaliers, dragons, hussards, chasseurs, ou canonniers, par rapport auxquels il en sera usé ainsi qu'il est dit en l'article précédent.

IX. En cas de mouvemens combinés dans les régimens par les officiers, contre l'ordre et la discipline militaire en général, les officiers en seront graduellement responsables suivant l'ordre de leur grade ou de leur ancienneté, lorsque les coupables apparens de semblables désordres ne seront pas d'abord désignés ou connus ; dans ce cas les commissaires-auditeurs seront tenus de rendre plainte contre les premiers capitaines, premiers lieutenans et premiers sous-lieutenans, par rapport auxquels il en sera usé ainsi qu'il est dit dans l'article VII.

X. Seront considérés et punis comme mouvemens combinés contre l'ordre et la discipline en général, toute réunion, soit de militaires de différens grades, soit d'officiers, soit de sous-officiers ou soldats, pour délibérer entre eux dans d'autres circonstances que celles permises ou prescrites par la loi, à plus forte raison, toute délibération formée et toute émission de vœu collectif.

XI. Aussi long-temps que subsistera l'autorité provisoire accordée aux généraux d'armée par le décret du 24 juin dernier, de suspendre les officiers dont la conduite leur paroîtra suspecte, les commandans en chef des divisions jouiront du même droit, chacun dans sa division, et les conseils de discipline de chaque régiment auront aussi provisoirement le pouvoir d'ordonner, à la pluralité des cinq septiemes des voix, le renvoi avec une cartouche pure et simple des sous-officiers et soldats dont la conduite sera répréhensible; néanmoins le conseil de discipline ne pourra jamais user de ce pouvoir que sur une demande expresse et par écrit, qui devra être signée, s'il est question d'un sous-officier, par neuf de ses camarades du même grade et par un officier de sa compagnie; et s'il est question d'un soldat, par tous les sous-officiers de sa compagnie, ou par un sergent ou maréchal-des-logis, un caporal ou brigadier, et par neuf soldats de sa compagnie.

Loi relative aux secours demandés par M. Rochambeau, pour la formation d'un camp retranché à Maubeuge, du premier août 1791.

L'assemblée nationale décrete qu'il

sera fourni à M. Rochambeau, 1°. les fonds nécessaires pour faire un camp retranché à Maubeuge; 2°. des fonds extraordinaires pour un rassemblement, s'il y a lieu; 3°. un renfort de troupes, consistant en 12 ou 15 mille hommes de gardes nationales, dont deux bataillons seront des gardes nationales Parisiennes, et en 16 escadrons de troupes à cheval (1).

Scellé le 18 du même mois.

Loi relative au remplacement actuel des officiers qui manquent dans les différens corps de l'armée, du premier août 1791.

L'assemblée nationale décrete qu'attendu les circonstances, le rem-

(1) L'assemblée a renvoyé au ministre de la guerre les moyens d'exécution relatifs à la division de la frontière, depuis Givet jusqu'à Bitch, entre MM. Rochambeau et Luckner.

placement actuel des officiers qui manquent dans les différens corps de l'armée, se fera comme il suit:

ARTICLE PREMIER.

Les regles prescrites par les précédens décrets pour le remplacement des officiers supérieurs et des adjudans-majors dans les différens corps des différentes armes, auront leur pleine et entiere exécution.

II. Dans chacun des régimens d'infanterie de ligne, où il n'y a pas plus de quatre compagnies vacantes, elles appartiendront aux plus anciens lieutenans du régiment. Dans chacun des bataillons d'infanterie légere, où il n'y a pas plus de deux compagnies vacantes, elles appartiendront aux plus anciens lieutenans du bataillon.

III. Les trois quarts au moins du total des compagnies vacantes dans les régimens d'infanterie de ligne, et dans les bataillons d'infanterie légere, au-delà du nombre ci-dessus déterminé, seront données aux plus anciens lieutenans de toute l'infanterie, qui sont actuellement en activité; l'autre quart pourra être donné par le pouvoir exécutif, soit à des capitaines, soit à des lieutenans d'infanterie réformés ou retirés, qui desireroient et seroient reconnus susceptibles de rentrer en activité, à la condition de présenter, de leur part, un certificat du directoire du district dans l'étendue duquel ils résident, qui atteste leur attachement à la constitution décrétée par l'assemblée nationale.

IV. Les capitaines qui seront pourvus en vertu de l'article premier, conserveront leur rang entre eux, et le prendront sur tous ceux qui seront nommés en vertu de l'article II. Ceux de ces derniers qui seront pris sur la colonne des lieutenans actuellement en activité, conserveront aussi leur rang entre eux, et le prendront sur tous les officiers ci-devant réformés ou retirés, qui pourroient obtenir des compagnies. Ceux-ci enfin prendront entre eux le rang que leur assignera le grade qu'ils avoient avant leur réforme ou leur retraite, et, à grade égal, l'ancienneté de leur service.

V. Dans chacun des régimens d'infanterie de ligne, où il n'y aura pas plus de quatre lieutenances vacantes, elles appartiendront aux plus anciens sous-lieutenans de ce régiment. Dans chacun des bataillons d'infanterie légere où il n'y aura pas plus de deux lieutenances vacantes, elles appartiendront aux plus anciens sous-lieutenans du bataillon.

VI. Les trois quarts au moins du total des lieutenances vacantes dans les régimens d'infanterie de ligne, et dans les bataillons d'infanterie légere, au-delà du nombre ci-dessus déterminé, seront donnés aux plus anciens sous-lieutenans de toute l'infanterie, qui sont actuellement en activité; l'autre quart pourra être donné par le pouvoir exécutif, soit à des lieutenans, soit à des sous-lieutenans réformés ou retirés, qui desireroient et seroient reconnus susceptibles de rentrer en activité; à la condition de présenter, de leur part, un certificat du directoire du district dans l'étendue duquel ils résident, qui atteste leur attachement à la constitution décrétée par l'assemblée nationale.

VII. Les lieutenans qui seront pourvus en vertu de l'article V, conserveront leur rang entre eux, et le prendront sur tous ceux qui seront nommés en vertu de l'article VI. Ceux de ces derniers qui seront pris sur la colonne des sous-lieutenans actuellement en activité, conserveront aussi leur rang entre eux, et le prendront sur tous les officiers ci-devant réformés ou retirés, qui pourroient obtenir des lieutenances; enfin ceux-ci prendront entre eux le rang que leur assignera le grade qu'ils avoient avant leur réforme ou leur retraite, et, à grade égal, l'ancienneté de leur service.

VIII. Les sous-lieutenances vacantes dans l'infanterie de ligne et dans l'infanterie légere, seront données, savoir; dans les régimens et bataillons d'infanterie qui n'ont pas destitué leurs officiers, moitié aux sous-officiers de ces régimens, moitié à des fils de citoyens actifs.

Dans les régimens et bataillons qui ont destitué leurs officiers, les trois quarts des sous-lieutenances vacantes seront donnés à des fils de citoyens actifs, l'autre quart demeurant réservé aux sous-officiers du régiment, aux termes du décret du....

IX. Les jeunes citoyens ne seront susceptibles des sous-lieutenances vacantes, que depuis 16 jusqu'à 24 ans; ceux âgés de plus de 18 devront avoir servi dans la garde nationale : tous seront tenus de rapporter un certificat du directoire du district dans l'étendue duquel ils résident, qui atteste leur attachement à la constitution décrétée par l'assemblée nationale.

X. Pour le remplacement actuel des capitaines et des lieutenans du corps royal d'artillerie, on suivra les regles d'avancement prescrites par les précédens décrets relatifs à cette arme.

Les sous-lieutenances vacantes seront partagées entre les éleves du corps et les lieutenans en troisieme, qui n'ont pas encore obtenu leur remplacement.

XI. Dans les régimens de troupes à cheval, le tiers des compagnies vacantes sur toute l'arme appartiendra aux plus anciens capitaines de remplacement ou de réforme, les deux autres tiers aux plus anciens lieutenans actuellement en activité, pris sur toute l'arme.

XII. Dans chacun des régimens de troupes à cheval où il n'y aura pas plus de deux lieutenances vacantes, elles appartiendront aux plus anciens sous-lieutenans de ce régiment; le surplus des lieutenances vacantes dans les régimens de troupes à cheval, sera donné aux plus anciens sous-lieutenans actuellement en activité, pris sur toute l'arme.

XIII. Les sous-lieutenances vacantes dans les troupes à cheval seront données moitié aux sous-officiers de ces régimens, moitié à des fils de citoyens actifs ayant au moins 16 et pas plus de 24 ans d'âge; ceux qui auront plus de dix-huit ans, devront avoir servi dans la garde nationale : tous seront tenus de présenter un certificat du directoire du district dans l'étendue duquel ils résident, qui atteste leur attachement à la constitution décrétée par l'assemblée nationale.

XIV. Dans les régimens de toute arme qui ont actuellement leur colonel, cet officier supérieur indiquera sous huitaine, à compter du jour de la publication du présent décret, soit au général d'armée, soit au commandant en chef de division, aux ordres duquel il est, les sujets qu'il croit susceptibles d'obtenir les sous-lieutenances vacantes dans le régiment qu'il commande. Les généraux d'armée et les commandans en chef des divisions proposeront d'eux-mêmes aux sous-lieutenances vacantes dans les corps qui sont sous leurs ordres, et qui n'ont point actuellement de colonels; ces différentes propositions seront adressées immédiatement au ministre de la guerre, pour le mettre immédiatement en état de pourvoir, sans aucun délai, à toutes les sous-lieutenances vacantes dans l'armée.

XV. Pour que rien ne retarde le remplacement effectif des officiers qui manquent actuellement dans l'armée, les officiers supérieurs et autres seront reçus, mis en fonction, et payés sans attendre l'expédition de leurs brevets ou commissions, sur l'avis de leur nomination, adressé par le ministre de la guerre, soit aux généraux d'armée, soit aux commandans en chef des divisions, et aux chefs des corps dans lesquels les remplacemens devront s'opérer; néanmoins les brevets et commissions seront ensuite expédiés le plutôt possible, et vaudront du jour de chaque nomination, dont ils rappelleront la date.

Scellé le 6 du même mois.

Loi portant suppression des ingénieurs-géographes militaires, créés en 1777, du 17 août 1791.

L'assemblée nationale délibérant sur la proposition du ministre de la guerre, après avoir entendu le rapport de son comité militaire, décrete ce qui suit.

ARTICLE PREMIER.

Le corps des ingénieurs-géographes militaires, créé par l'ordonnance du roi, du 26 février 1777, est et demeura supprimé, à dater de l'époque de la publication du présent décret.

II. Ceux des ingénieurs-géographes militaires qui seront réformés, recevront des pensions de retraite qui seront réglées d'après les appointemens dont ils jouissent, et de la manière qui a été réglée pour les officiers des états-majors des places, par les articles VI,

VII et VIII du titre II de la loi du 10 juillet 1791.

III. Les ingénieurs-géographes militaires actuellement en activité, qui ne seront pas réformés, auront le choix de prendre leur retraite, conformément à la loi du 3 août 1790, ou de rentrer dans la ligne en profitant des différentes formes indiquées pour les remplacemens.

IV. Il sera tenu compte aux ingénieurs-géographes militaires de tout le service qu'ils auront fait en cette qualité avant d'être brevetés; ce temps désigné communément sous le nom de *surnumérariat*, leur sera compté pour toutes les récompenses militaires qui s'accordent à l'ancienneté du service.

Loi qui regle la forme des brevets des officiers de tous grades, et celle des engagemens des soldats, du 12 septembre 1791.

L'assemblée nationale, sur le rapport de son comité militaire, décrete de la maniere suivante, les formes à observer pour les nominations des officiers généraux, des officiers supérieurs, des capitaines, lieutenans et sous-lieutenans, & celles à observer pour l'engagement des soldats.

LA NATION, LA LOI ET LE ROI.

BREVET DE SOUS-LIEUTENANT.

Dètail des Services.	*Campagnes, Actions & Blessures.*
INFANTERIE.	.e REGIMENT.
Pour né à Département de	

LOUIS, *par la grace de Dieu & par la Loi constitutionnelle de l'Etat*, ROI DES FRANÇOIS, CHEF SUPRÊME DE L'ARMÉE. *Ayant nommé à une Sous-lieutenance dans la Compagnie du Capitaine dans le Régiment d vacante par l* MANDE *& ordonne au Colonel & en son absence à l'Officier qui commande ledit Régiment, de le recevoir & faire reconnoître en ladite Sous-lieutenance, pour en faire les fonctions sous l'autorité de Sa Majesté, & sous les ordres des Officiers généraux employés auprès des troupes.* DONNÉ *à le jour du mois d l'an de grace mil sept cent quatre-vingt- & de notre regne le*

PAR LE ROI.

LA NATION, LA LOI ET LE ROI.

BREVET DE COLONEL.

Détail des Services.	*Campagnes, Actions & Blessures.*
INFANTERIE.	.e REGIMENT.
Pour né à Sous-lieutenant Lieutenant le Capitaine le Lieutenant-colonel le	

LOUIS, par la grace de Dieu & par la Loi constitutionnelle de l'Etat, ROI DES FRANÇOIS, CHEF SUPRÊME DE L'ARMÉE. Prenant une entiere confiance dans la valeur, expérience, vigilance, bonne conduite, zele & fidélité envers la Patrie, dont a donné des preuves dans toutes les occasions le Lieutenant-colonel l'a nommé à la place de Colonel du Régiment d vacante par l pour en faire les fonctions, & commander ledit Régiment sous l'autorité de Sa Majesté, & sous les ordres des Officiers généraux employés auprès des Troupes. SA MAJESTÉ mande & ordonne à l'Officier qui commande le Régiment d de le recevoir & le faire reconnoître en ladite qualité, de tous les Officiers, Sous-Officiers & Soldats dudit Régiment. DONNÉ à le jour du mois d l'an de grace mil sept cent quatre-vingt- & de notre regne le

PAR LE ROI.

Nota. Le Brevet des Officiers généraux semblable à celui des Officiers supérieurs, avec la différence des mots indicatifs de Lieutenant-colonel ou de Colonel, & de Régiment, auxquels on substitue ceux relatifs au service & au grade d'Officier général, & avec le changement à la huitieme ligne de ces mots-ci: *& sous les ordres des Officiers généraux employés auprès des troupes*, en ces mots: *& sous les ordres du Ministre ayant le département de la Guerre.*

LA NATION, LA LOI ET LE ROI.

ENGAGEMENT.

RÉGIMENT d

JE soussigné m'engage de ma propre volonté, & sans contrainte, à servir la Nation sous les ordres du Roi, Chef suprême de l'Armée, en qualité de pendant l'espace de ans, à condition de recevoir mon congé absolu à l'expiration de ce terme, conformément à la Loi, & pour prix du présent engagement, la somme de comptant, & celle de en un billet payable au Régiment.

Je déclare n'avoir aucune infirmité cachée qui puisse m'empêcher de servir la Nation, & n'être engagé dans aucune de ses troupes, soit de terre, soit de mer. En conséquence je promets de servir avec fidélité et honneur, d'être invariablement attaché aux lois militaires et aux regles de la discipline, d'obéir ponctuellement à tous mes supérieurs, et de me comporter, dans toutes les occasions, en honnête & brave soldat.

Je certifie être âgé de ans, natif d Municipalité d District d Département d fils d et d

FAIT à le mil sept cent quatre-vingt-

Nota. Si le Recrue ne sait point signer, il fait une marque en présence de deux témoins, qui signeront comme tels au dessous de la date ci-dessus, après la lecture de l'engagement.

SIGNALEMENT.

Le dénommé ci-dessus a la taille d   pieds   pouce
lignes, le nez   la bouche   le menton
le visage marqué

Nota. On aura soin de mettre les noms, qualités & demeure des pere et mere, des trois plus proches parens ou amis, avec les endroits indicatifs de leur demeure, dans les grandes villes, et pour les provinces, les noms des petites villes, bourgs ou lieux de poste les plus à proximité de leur demeure.

CERTIFICAT DU CHIRURGIEN.

Je soussigné   certifie avoir visité le nommé

dont l'engagement est d'autre part, et ne lui avoir trouvé aucune flétrissure ou infirmité qui puisse l'empêcher de servir la Nation.

Fait à le mil sept cent

RATIFICATION.

Nous avons lu le présent engagement et déclaration en présence du Recrue y dénommé, lequel n'a rien réclamé contre ſon contenu.

Fait à le mil sept cent

Loi relative au régiment des gardes-suisses, du 15 septembre 1791.

L'assemblée nationale décrete que le roi sera prié de faire présenter incessamment au corps législatif une nouvelle formation du ci-devant régiment des gardes-suisses, d'après les conventions et capitulations qui auront été agréées par le corps helvétique.

Et cependant l'assemblée nationale considérant que ce régiment s'est comporté de la maniere la plus satisfaisante, et a bien mérité de la nation par sa conduite, décrete qu'il sera entretenu sur l'ancien pied, jusqu'à ce qu'il ait été statué autrement sur sa destination et sur le mode de son service.

Loi relative aux éleves de l'école du génie, du 14 septembre 1791.

L'assemblée nationale décrete ce qui suit :

Art. I.

« Art. I. Dès cette année il sera reçu, d'après l'examen au concours, vingt éleves à l'école du génie, et successivement, d'année en année, il en sera reçu le nombre nécessaire pour que les 300 officiers qui composent le corps soient toujours portés au complet.

» II. Tous les fils de citoyens actifs qui voudront concourir à l'examen, se feront inscrire au bureau de la guerre. Le ministre de ce département leur fera connoître l'époque à laquelle ils devront se présenter aux examinateurs.

» III. Les sujets seront examinés sur le même cours qui jusques à ce moment a été exigé des aspirans au corps du génie, en présence des deux examinateurs actuels du génie et de l'artillerie, et d'un commissaire qui sera nommé par le directoire du département dans le ressort duquel l'examen aura lieu.

» IV. Les sujets qui seront admis à l'école du génie prendront rang entre eux selon l'ordre de leur réception, laquelle sera déterminée en conformité de l'avis de la majorité des examinateurs, et d'après le tableau fourni par eux ; en sorte que le premier inscrit sera le premier de sa promotion, et ainsi de suite.

» V. Les articles précédens relatifs au corps du génie, auront aussi lieu provisoirement pour les aspirans de l'artillerie, et l'examen de ces derniers sera fait sur le cours d'instruction affecté jusqu'à ce jour au corps de l'artillerie.

» VI. Les examens préliminaires pour l'admission aux écoles de l'artillerie et du génie, continueront de se faire séparément, mais seulement jusqu'à ce qu'il ait été composé un cours d'instruction commun à ces deux corps ; le ministre de la guerre donnera les ordres nécessaires pour que ce cours soit composé dans le plus court délai. Quant aux examens à subir pour les éleves de l'artillerie et du génie, pour passer des écoles dans ces deux corps, ils continueront d'avoir lieu selon la forme usitée ci-devant.

» VII. Le directeur des fortifications des places des Ardennes, et deux officiers employés aux fortifications de Mezieres, seront chargés du commandement de l'école, et de diriger l'instruction des eleves.

» VIII. A raison de ces doubles fonctions, il sera continué à ces commandans un traitement particulier, lequel, à compter du premier janvier 1791, sera réglé ainsi qu'il suit :

Au directeur commandant en chef, par an. . . . . 2,000 l.

Au commandant en second. 1,500

Au commandant en troisième 1,000

» IX. Sur le nombre des 16 officiers-généraux employés, dont l'augmentation a été décrétée le 24 juin dernier, il sera attaché au corps du génie un troisième maréchal-de-camp, inspecteur des fortifications, et au corps de l'artillerie un sixieme maréchal-de-camp-inspecteur ».

Loi relative aux élèves de l'école du génie, du 22 septembre 1771.

Article additionnel au décret du 15 septembre, relatif à l'école du génie.

ARTICLE X.

Il sera ajouté aux dépenses de l'école du génie, une somme de six mille livres, pour la conservation de l'établissement des jeunes gens sans fortune, qui se destinent à apprendre le dessin, la coupe des pierres, la charpente et autres parties relatives à l'architecture civile et militaire, sous les ordres et l'inspection du directeur des fortifications des Ardennes, cette administration ne devant changer qu'à l'époque de l'organisation de l'éducation publique.

Loi relative au serment des troupes, du 17 septembre 1791.

« L'assemblée nationale décrete que désormais le serment des troupes sera prêté, par les officiers de tout grade, en ces termes :

» Je jure d'être fidele à la nation, à la loi et au roi, de maintenir de tout mon pouvoir la constitution, et d'exécuter et faire exécuter les réglemens militaires ».

Et par les soldats, en ces termes :

» Je jure d'être fidèle à la nation, à la loi et au roi, de défendre la constitution, de ne jamais abandonner mes drapeaux, et de me conformer en tout aux regles de la discipline militaire ».

Loi relative aux cent-suisses, du 17 septembre 1791.

« L'assemblée nationale décrete que les officiers, exempts, fourriers et gardes de la ci devant compagnie des cent-suisses seront remboursés de la finance de leurs charges sur le pied porté par la décision du roi Louis XV, du 15 janvier 1763; à l'effet de quoi la décision sera remise entre les mains du directeur général de la liquidation, auquel les officiers, exempts et gardes de ladite compagnie remettront ensuite leurs mémoires, pieces et titres, pour être liquidés en conformité des décrets de l'assemblée nationale ».

Loi relative aux maréchaux de France, du 17 septembre 1791.

« L'assemblée nationale décrete que le ministre de la guerre adressera dans la huitaine à l'assemblée l'état des maréchaux de France en activité, afin que, conformément à ses décrets, elle puisse statuer sur la retraite de ceux qui, n'étant pas conservés en activité, seroient dans le cas d'obtenir une retraite ».

Loi relative à la ci-devant maréchaussée, du 18 septembre 1791.

« L'assemblée nationale décrete ce qui suit :

» Art. I. Le ministre de la guerre est autorisé à ordonner à tous les officiers, sous-officiers et cavaliers de la ci-devant maréchaussée qui doivent être employés sur le pied de gendarmerie, de se rendre dans les départemens et les résidences qu'il leur assignera. Les officiers choisis par les directoires de département occuperont, dans ceux où ils ont été nommés, les résidences dans lesquelles ils seront placés suivant leurs grades par le ministre de la guerre.

» II. L'emplacement des brigades, de la ci devant maréchaussée subsistera dans l'état où elles sont actuellement, jusqu'à ce que les dispositions ſuivantes aient été exécutées.

» III. Les directoires enverront au ministre de la guerre un état des brigades qui existent actuellement dans leur département avec leur emplacement, lequel sera exécuté provisoirement et maintenu.

» IV. Ils enverront ensuite un état d'augmentation des brigades qu'ils jugeront leur être nécessaires, ainsi que de leur placement et des changemens qu'ils estimeront convenables; mais il ne sera fait droit sur aucunes de ces demandes, qu'au préalable l'article précédent n'ait été exécuté.

» V. Pour faciliter cette opération, il sera envoyé par le ministre de la guerre, à chaque directoire, des tableaux à remplir qui présenteront les indications relatives aux correspondances intérieures et aux correspondances extérieures.

» VI. Faute par les directoires d'exécuter ce qui vient d'être prescrit dans le délai de trois semaines à dater du jour de la réception du décret constaté par la lettre d'envoi du ministre, le ministre de la guerre sera autorisé à présenter un état du nombre des brigades, dans les départemens dont les directoires ne se seront pas conformés au présent décret, ainsi que des augmentations et des placemens qu'il jugera plus convenables au bien du service, d'après l'avis des colonels; le ministre de la guerre en rendra compte ensuite au corps législatif, pour qu'il y soit définitivement statué ».

Loi portant établissement de commissaires des guerres, et qui détermine leurs fonctions dans les différentes cours martiales, établies par le décret du 22 septembre 1790, du 20 septembre 1791.

L'assemblée nationale décrete ce qui suit :

TITRE PREMIER

Dispositions générales.

ARTICLE PREMIER.

Le corps des commissaires des guerres est supprimé; les pourvus moyennant finance en seront remboursés sur le pied de la liquidation qui sera faite de leurs offices, conformément aux décrets précédemment rendus sur cet objet.

II. Le nombre des cours martiales établies par l'article VII du décret du 22 septembre 1790, sanctionné par le roi le 29 octobre suivant, sera fixé à vingt-trois pour tout le royaume; il y en aura une dans chaque division militaire.

III. Il sera établi vingt-trois commissaires-ordonnateurs, grands juges militaires; chacun d'eux présidera une cour martiale et dirigera en chef dans l'étendue de son territoire, toutes les parties de l'administration militaire, sous les ordres et d'après les instructions qui lui seront données à cet égard par le ministre de la guerre.

IV. Il sera établi vingt-trois commissaires-auditeurs des guerres, qui seront répartis dans les vingt-trois cours martiales. La poursuite des crimes et délits militaires leur appartiendra dans le territoire soumis à leur surveillance; elle s'étendra sur toutes les parties de l'administration militaire, sur tous les objets qui tiennent au bon ordre et à la discipline, sur tout ce qui intéresse l'exactitude et la régularité du service.

V. Les détails de l'administration militaire seront confiés sous les ordres des commissaires-ordonnateurs, à cent trente-quatre commissaires ordinaires des guerres, qui seront pareillement établis et répartis dans les vingt-trois cours martiales. Les commissaires ordinaires seront tenus de concourir, sous la direction des auditeurs, à la surveillance prescrite à ces derniers, pour assurer la parfaite exécution des loix concernant les gens de guerre.

VI. Les commissaires des guerres seront tous inamovibles, et ne pourront être privés de leur état que par un jugement légal. Ils ne pourront être traduits, en matiere civile ou criminelle, que devant les tribunaux ordinaires.

VII. Personne ne sera pourvu d'une place de commissaire ordinaire des guerres, qu'il n'ait vingt-cinq ans accomplis; d'une place de commissaire-auditeur ou de commissaire-ordonnateur, qu'il n'ait au moins trente-cinq ans.

VIII. Les commissaires ordinaires ne pourront, en cette qualité, faire aucune fonction de magistrature avant d'avoir atteint l'âge de trente ans.

IX. Les commissaires des guerres ne pourront accepter aucune autre place ou commission, exercer un autre emploi, ni remplir d'autres fonctions que celles propres à leur état, et qui sont déterminées par le présent décret. Ils pourront néanmoins être élus députés à l'assemblée nationale, et membres des conseils généraux de département, de district, et de commune, lorsqu'ils auront d'ailleurs les qualités requises.

TITRE II.

Des commissaires-ordonnateurs, et de leurs fonctions.

ARTICLE PREMIER.

Les commissaires - ordonnateurs considérés comme grands juges militaires, sont des magistrats institués pour présider les cours martiales, dont la compétence, soit dans l'intérieur du royaume, soit à l'armée, est réglée par les articles III, IV, et LXXXII du décret du 22 septembre 1790, sanctionné par le roi le 29 octobre suivant.

II. Les fonctions propres des grands juges militaires consistent à rendre les ordonnances préparatoires pour l'ordre et la marche des procédures, à juger conjointement avec leurs assesseurs, et à prononcer les jugemens des cours martiales, le tout en suivant les formes prescrites par la loi. Les grands juges ne peuvent faire aucune réquisition, ils ne peuvent non plus donner aucun ordre de leur propre mouvement, si ce n'est pour la police de leurs audiences. Dégagés de toute subordination individuelle en qualité de magistrats, ils ne doivent à ce titre obéissance qu'à la loi, et ne sont responsables que devant les tribunaux qui en sont l'organe.

III. Les commissaires-ordonnateurs sont en cette qualité les premiers et principaux agens de l'administration militaire dans l'étendue de leur territoire respectif; en conséquence ils sont aux ordres du ministre de la guerre, et lui doivent un compte exact et détaillé de leurs opérations. Ils sont de plus obligés de déférer sans retard, à toutes réquisitions écrites qui leur seront faites, en choses dépendant de l'administration militaire, par les officiers généraux, et en leur absence par les commandans en chef des troupes employées dans leur territoire, sauf la responsabilité desdits officiers gènèraux ou commandans en chef.

IV. Les ordres relatifs à l'administration militaire seront adressés directement aux commissaires-ordonnateurs, qui les transmettront aux commissaires ordinaires employés dans leur territoire respectif. Les commissaires ordinaires rendront compte aux commissaires-ordonnateurs de ce qu'ils auront fait pour assurer l'exécution de ces mêmes ordres.

V. Les commissaires-ordonnateurs n'ont individuellement aucune autorité ni jurisdiction sur les citoyens, ni même sur les militaires qui ne sont pas en activité dans leur territoire, à moins qu'ils n'y passent en venant, soit de leur garnison, soit de leur camp, ou en allant les rejoindre, ou enfin qu'ils ne soient dans les hôpitaux. Dans tout autre cas, ils ne peuvent leur prescrire, commander ou défendre quoique ce soit; mais lorsque le bien du service le demande, ils doivent s'adresser à l'autorité civile compétente, pour la mettre en état d'intimer aux citoyens et aux militaires qui ne sont pas en activité, les ordres que les circonstances exigent.

VI. Toutes entreprises de fournitures militaires, excepté celles des vivres et des fourrages, doivent être laissées au rabais par adjudication publique, après affiches et publications solemnelles; il en sera de même de toutes entreprises de construction et réparations, et de toutes autres entreprises dont le prix est payable par le département de la guerre. Attendu la part que les citoyens sont dans le cas de prendre aux unes et aux autres, le commissaire-ordonnateur sera tenu, lorsqu'il s'agira de procéder à de semblables publications et adjudications, suivant que leur objet sera restreint à une municipalité, ou étendu, soit à un district, soit à un département, de se réunir au bureau municipal ou au directoire, soit du district, soit du département, pour qu'en vertu de l'autorité municipale ou de celle des corps administratifs, les affiches soient apposées par-tout ou besoin sera, et ensuite les publications, encheres et ajudications faites dans le lieu ordinaire des séances, soit de la municipalité, soit du directoire du district, ou du directoire du départment.

VII. En pareil cas, la préséance

restant au chef de l'administration civile, la seconde place et la présidence par rapports aux objets militaires, seront données au commissaire-ordonnateur. Les réquisitions nécessaires seront faites par le procureur de la commune ou par le procureur-général du district, ou par le procureur-général-syndic du département, conformément aux ordres du ministre qui lui seront remis en originaux par le commissaire-ordonnateur, sans que les administrateurs civils puissent y apporter aucun changement ou modification sous tel prétexte que ce puisse être, leur intervention n'ayant ici pour objet que de garantir la plus scrupuleuse observation des formes. et non pas d'apprécier la valeur des mesures adoptées quant au fond.

VIII. Si l'entreprise embrasse par son objet plusieurs départemens compris dans la même division militaire, il sera procédé, conformément à ce qui est prescrit par les deux articles précédens, par le directoire du département dans lequel le commissaire-ordonnateur aura sa résidence. Si l'entreprise embrasse plusieurs divisions, le ministre adressera ses ordres au plus ancien commissaire-ordonnateur entre ceux de toutes ces divisions, et il sera procédé par le directoire du département de sa résidence; enfin si l'entreprise est générale par-tout le royaume, le ministre donnera ses ordres à l'ordonnateur de Paris, et ce sera le directoire du département de Paris qui procédera.

IX. Les piéces remises au procureur de la commune ou au procureur-syndic du district, ou au procureur-général-syndic du département, en exécution de l'article VII du présent titre, resteront au greffe ou secrétariat, soit des municipalités, soit des corps administratifs, ainsi que les minutes des actes de publications, encheres et adjudications; il sera fourni du tout au commissaire-ordonnateur une expédition sans frais.

X. Le paiement d'aucune dépense, même de celles ordonnées par le ministre, ne sera valablement fait qu'en vertu de l'ordonnance spéciale du commissaire-ordonnateur dans le territoire duquel cette dépense aura eu lieu. L'ordonnance elle-même ne sera expédiée par l'ordonnateur, que sur un état ou mémoire détaillé certifié par les entrepreneurs, fermiers, fournisseurs ou autres parties prenantes, réglé et approuvé s'il y a lieu, suivant la nature des objets, par les officiers militaires qui ont le droit d'en connoître, et toujours vérifié et arrêté par le commissaire ordinaire. La solde, les appointemens et traitemens des officiers et soldats de tous grades et de toutes armes qui se sont toujours payés sur les revues, continueront seuls à l'être sur la signature du commissaire qui aura fait la revue.

XI. L'administration militaire comprenant tous les objets confiés à la conduite et direction du ministre de la guerre, et les commissaires-ordonnateurs n'étant à cet égard que ses premiers et principaux coopérateurs dans leur territoire respectif, l'étendue de leur compétence en matiere d'administration, et les regles d'après lesquelles ils l'exerceront, doivent être déterminées par le plan d'administration et de comptabilité que le ministre de la guerre proposera pour son département; en conséquence, il sera tenu de le présenter incessamment pour y être statué, soit par l'assemblée nationale, soit par la législature prochaine, ainsi qu'il appartiendra.

XII. Aucun officier général, supérieur ou autre, pourvu d'un commandement quelconque depuis la publication du présent décret, ne pourra en exercer les fonctions, que préalablement il n'ait été reconnu et qu'il n'ait prêté le serment civique entre les mains du commissaire-ordonnateur, ou d'un commissaire ordinaire par lui délégué à cet effet: savoir, l'officier général à la tête des troupes réunies dans le principal lieu de son commandement, l'officier supérieur à la tête de son corps, et tout autre officier à la tête de la troupe à laquelle il est spécialement attaché. Les appointemens et traitemens des officiers généraux, supérieurs et autres, ne pourront leur être payés qu'en rapportant la premiere fois une expédition en bonne forme du procès-verbal de leur prestation de serment, dont l'original sera toujours envoyé au ministre, pour être déposé dans les bureaux de la guerre.

XIII. En temps de paix, les commissaires-ordonnateurs résiderons dans la ville de leur territoire où il y a communément le plus de troupes, et dont les établissemens militaires sont les plus importans. Le lieu de leur résidence étant une fois déterminé, sera fixe et invariable.

TITRE III.

Des commissaires-auditeurs, et de leurs fonctions.

ARTICLE PREMIER.

Les commissaires-auditeurs sont chargés spécialement de la poursuite des délits militaires commis dans le territoire de la cour martiale à laquelle ils sont attachés : s'ils ont connoissance d'un délit de cette espèce commis dans une autre cour martiale, ils doivent en avertir leur collegue; s'ils ont connoissance d'un délit civil commis par un militaire en activité dans leur ressort, c'est encore un devoir étroit pour eux d'en avertir sans délai le magistrat civil.

II. Ils ne peuvent donner aucun ordre, ils ont seulement le droit de provocation et de réquisition à l'égard des diverses autorités, pour que chacune d'elles fasse ou ordonne ce qu'il lui appartient de faire et d'ordonner pour l'entiere et parfaite exécution des loix concernant l'armée. Ils sont obligés de correspondre avec le ministre de la guerre, pour le tenir instruit de leurs plaintes et réquisitions, et des effets qu'elles produiront; dégagés de toute subordination individuelle, les commissaires auditeurs ne doivent obéissance qu'à la loi, et ne sont responsables que devant les tribunaux qui en sont l'organe.

III. Aucune fonction administrative ne peut être exercée par un commissaire-auditeur, mais chacune des parties de l'administration militaire pouvant donner lieu à des plaintes ou réquisitions de sa part, il doit les surveiller toutes; en conséquence, les corps administratifs, les municipalités, les conseils d'administration des régimens, les commissaires-ordonnateurs, les commissaires ordinaires des guerres, les payeurs des troupes, les particuliers chargés de quelque fourniture ou partie d'administration militaire, quelle qu'elle soit, sont obligés de lui donner, à sa premiere réquisition, toutes informations, communications de pieces, renseignemens et éclaircissemens qu'il croira devoir leur demander, en telle sorte que rien n'arrête ni ne gêne l'activité de sa surveillance.

IV. Le commissaire-auditeur a le droit d'assister à toutes inspections, montres et revues des troupes employées dans son ressort, et doit être averti par les commissaires des guerres, du lieu, du jour et de l'heure où se feront les inspections et revues, et ce assez à temps pour qu'il puisse s'y trouver, s'il le juge à propos, ce qu'il est de son devoir de faire aussi souvent qu'il le pourra.

V. Il a pareillement le droit et le devoir de visiter les prisons, les hôpitaux, les corps-de-garde, les magasins et tous les établissemens militaires de son ressort, de quelqu'espece qu'ils soient, pour s'assurer

par

par lui même que les loix et réglemens militaires qui les concernent sont fidelement exécutés; et, suivant la nature des contraventions, prendre les mesures convenables pour les faire réprimer, et punir les contrevenans, soit par voie d'administration, soit par voie de justice, ainsi qu'au cas appartiendra.

VI. Le commissaire - auditeur écoutera les plaintes que les militaires de tout état et de tout grade voudront lui porter, quel qu'en soit l'objet. Lorsqu'il en recevra en matiere de police et de discipline, s'il croit les plaignans fondés, il s'entrémetura auprès des chefs, commandans, officiers généraux, pour leur faire rendre la justice qu'il estimera leur être due; il pourra même recourir à cet effet aux conseils de discipline des régimens, et s'il en est besoin, s'adresser au ministre de la guerre.

VII. Toutes les fois que le conseil de discipline aura à statuer sur quelque plainte, elle sera préalablement communiquée par le commandant du corps au commissaire-auditeur du territoire, pour qu'il puisse donner ses conclusions motivées à charge et à décharge. Le commissaire-auditeur pourra les porter ou les envoyer au conseil de discipline; et quoique ses conclusions n'emportent pour les membres du conseil aucune obligation de s'y conformer en tout ou en partie, néanmoins elles devront toujours être prononcées ou lues avant qu'ils ouvrent leurs avis.

VIII. Un commissaire-auditeur peut requérir sous sa responsabilité, l'arrestation provisoire de tout militaire qui lui aura été dénoncé, ou qui sera notoirement prévenu d'un délit militaire ou civil. L'officier général, le commandant du corps, ou l'officier de gendarmerie nationale, auquel le commissaire-auditeur adressera sa réquisition par écrit, sera lui-même responsable s'il n'y défere pas.

IX. Toutes les contestations qui

pourront naître à l'occasion des marchés passés pour entreprises militaires, entre l'administration et les entrepreneurs, fermiers ou fournisseurs, seront portées dans les tribunaux ordinaires, et y seront intentées ou soutenues seulement contre eux, à la diligence du commissaire-auditeur, d'après les instructions qui lui seront données à cet effet par le ministre de la guerre.

X. Toutes les loix et les réglemens militaires à proclamer dans l'armée, seront adressés directement aux commissaires-auditeurs. Chacun d'eux présentera la loi ou le réglement au grand juge, avec réquisition d'en faire faire incontinent la publication à la tête des corps militaires, dans toute l'étendue de la cour martiale. Le commissaire-ordonnateur préviendra l'officier général commandant la division, pour qu'il donne les ordres nécessaires à cet effet, et fera de suite les dispositions en conséquence, soit pour faire par lui-même, soit pour faire

faire cette publication par un commissaire ordinaire; dans tous les cas, il en sera dressé procès-verbal par celui qui l'aura faite, et on y désignera les troupes qui y auront assisté. Les procès-verbaux de publications de loix et réglemens militaires, seront réunis par le commissaire-ordonnateur, qui les fera passer au commissaire-auditeur, lequel en gardera note et les enverra au ministre, pour être déposés au bureau de la guerre.

XI. Lorsqu'il ne sera pas possible que la publication se fasse par un commissaire des guerres, comme dans les postes où il n'y a que des détachemens peu considérables, et qui sont éloignés de la résidence des commissaires, le commandant des troupes fera faire la publication par l'officier ou sous-officier qui commande immédiatement sous lui; dans ce cas, le procès-verbal de publication devra être signé par cet officier ou sous-officier, et le commandant sera tenu de l'envoyer au commissaire-ordonnateur.

XII. Dans chaque garnison ou quartier, il ne sera fait qu'une seule publication pour toutes les troupes réunies, chaque corps étant formé à cet effet du nombre d'hommes qui sera déterminé par le commandant en chef. Les troupes seront en grande tenue, avec leurs drapeaux, étendards ou guidons; et pendant tout le temps que durera la lecture de la loi ou du réglement, les drapeaux, étendards ou guidons seront tenus en état de salut, les officiers en conserveront l'attitude et les troupes présenteront les armes.

XIII. La résidence des commissaires-auditeurs sera fixée dans les mêmes lieux que celle des commissaires-ordonnateurs.

TITRE IV.

Des commissaires ordinaires des guerres, et de leurs fonctions.

ARTICLE PREMIER.

Lorsque le grand juge militaire

est empêché de tenir la cour martiale, il doit être remplacé par le plus ancien des commissaires ordinaires employés dans le ressort. Les commissaires ordinaires sont aussi les assesseurs du grand juge; ils sont encore les substituts des auditeurs pour la poursuite et l'instruction des procédures criminelles que ceux-ci jugent à propos de leur confier. Dans tous les cas où les commissaires ordinaires remplissent accidentellement les fonctions de magistrature, ils ne doivent, sous ce rapport, obéissance qu'à la loi, et ne sont responsables que devant les tribunaux; dans toutes autres circonstances, les commissaires ordinaires des guerres sont des administrateurs immédiatement subordonnés au commissaire ordonnateur, sous l'autorité du ministre de la guerre.

II. Les commissaires ordinaires sont spécialement chargés des revues des troupes et des visites journalieres des hôpitaux, des prisons et des établisremens militaires, situés dans leurs arrondissemens. Au surplus, leur compétence administrative s'étend sur les mêmes objets qu'embrasse celle des ordonnateurs, à cela près, que les commissaires ordinaires ne peuvent l'exercer que sous les ordres de l'ordonnateur, et à la charge de lui rendre compte.

III. Dans tous les cas où un commissaire ordinaire est délégué par un ordonnateur pour faire quelque opération à sa place, il doit être considéré et traité, soit par les administrateurs civils, soit par les chefs militaires, ou par toutes autres personnes auxquelles il peut avoir à faire, comme le seroit le commissaire-ordonnateur en personne. Il en est de même lorsque le commissaire ordinaire représente le commissaire-auditeur.

IV. Les commissaires ordinaires sont tenus d'avertir sans retard le commissaire-auditeur du ressort, des délits militaires commis dans l'étendue de leur arrondissement, et même des délits civils qui y sont commis par des militaires en activité. Ils peuvent recevoir les dénonciations qu'on voudra leur faire, en se conformant à ce qui est prescrit par l'article XXIX du décret du 22 septembre 1790, sanctionné par le roi le 29 octobre suivant, et à la charge d'en prévenir sur le champ le commissaire-auditeur.

V. Les commissaires ordinaires des guerres sont obligés de constater immédiatement par procès-verbal le corps et les circonstances des délits militaires, et même des délits civils commis par des militaires en activité dans l'étendue de leurs arrondissemens, à moins que déjà ce procès-verbal n'ait été dressé, soit par les officiers civils, soit par ceux de la gendarmerie nationale.

VI. Les commissaires-auditeurs peuvent charger les commissaires ordinaires de rendre plainte, soit en général de tous délits militaires, soit spécialement de tel délit militaire commis dans l'étendue de leurs arrondissemens, et de suivre l'effet de la plainte jusqu'au résultat du juré d'accusation, ou même jusqu'au jugement définitif. Les commissaires-ordinaires ne peuvent refuser leur assistance aux commissaires-auditeurs, qui restent obligés de surveiller la marche des procédures, et les maîtres d'en reprendre la conduite en tout état de cause.

VII. Les plaintes qui, dans le cas de l'article VI du titre III, pourroient être portées à un commissaire ordinaire par des militaires en activité dans son arrondissement, seront par lui reçues; mais il ne pourra faire aucune démarche en conséquence, sans l'aveu du commissaire-auditeur, auquel il sera tenu de rendre compte de semblables plaintes aussi-tôt qu'elles lui auront été portées.

VIII. Le territoire de chaque cour martiale sera partagé en arrondissemens, qui pourront comprendre plusieurs garnisons, quartiers et postes. Il y aura dans chaque arrondissement au moins un commissaire ordinaire des guerres ; leur résidence sera fixée dans les lieux où leur présence sera jugée plus nécessaire, à raison du nombre des troupes ou des établissemens militaires ; cependant le ministre restera le maître de faire passer les commissaires ordinaires d'une résidence dans une autre ; il devra même user de ce pouvoir pour leur faire parcourir successivement celles dans lesquelles ils pourront trouver une plus grande instruction, ou rendre des services proportionnés à l'expérience qu'ils auront acquise.

TITRE V.

De la premiere nomination des commissaires des guerres et de leur réception.

ARTICLE PREMIER.

Les commissaires - ordonnateurs supprimés par le présent décret, qui n'ont pas soixante-dix ans d'âge, seront, en vertu des brevets de nomination et des provisions que le roi sera prié de leur faire expédier, placés les premiers sur la nouvelle liste des ordonnateurs, et y conserveront entr'eux le rang qu'ils avoient sur l'ancienne.

II. S'il reste des places de commissaires-ordonnateurs à remplir, elles seront conférées par le roi à des commissaires des guerres supprimés par le présent décret, ayant dix ans de service en cette qualité, au moins trente-cinq, et pas plus de soixante-dix ans d'âge. Ceux-ci seront placés à la suite des anciens ordonnateurs, et conserveront entr'eux, dans ce nouveau grade, leur rang d'ancienneté.

III. Les vingt-trois places de commissaires-auditeurs seront données par le roi à des commissaires des guerres supprimés par le présent décret, ayant au moins trente-cinq, et pas plus de soixante-dix ans d'âge, que leurs études et le genre des travaux dont ils ont été occupés, feront estimer les plus propres à bien remplir ces nouvelles fonctions; ils conserveront entr'eux, dans ce nouveau grade, leur rang d'ancienneté.

IV. Les commissaires des guerres supprimés par le présent décret, qui n'auront pas été nommés aux places d'ordonnateurs vacantes, ou à celles d'auditeurs, et qui ont au moins vingt-cinq ans et pas plus de soixante-dix ans d'âge, seront, en vertu des brevets de nomination et des provisions que le roi sera prié de leur faire expédier, placés sur l'état des commissaires ordinaires, suivant la date de leurs premiers ordres de service.

V. Les places de commissaires ordinaires des guerres qui resteront vacantes, seront conférées par le roi, 1°. aux commissaires des guerres réformés en 1788, avec réserve d'activité jusqu'à leur remplacement, qui ont au moins vingt-cinq et pas plus de soixante ans d'âge; ils prendront rang sur l'état des commissaires ordinaires, de la date de leurs premiers ordres de service.

2°. Aux premiers élèves-commissaires, aux éléves-commissaires et aux élevescommissaires surnuméraires supprimés par le présent décret, qui ont au moins vingt-cinq ans, ils prendront rang entr'eux, suivant la date de leurs premiers ordres de service, après tous ceux ci-dessus mentionnés.

3°. A des citoyens ayant au moins vingt-cinq et pas plus de quarante-cinq ans, que leurs études et le genre des travaux dont ils ont été occupés, feront estimer les plus propres à bien remplir des fonctions administratives et judiciaires ; ceux-ci prendront rang après tous les autres, et entr'eux, suivant leur ancienneté d'âge. Cependant s'il se trouve parmi eux des personnes à qui le titre de commissaire des guerres ait été conféré ci-devant, ces pesonnes prendront rang avant ceux qui n'ont pas encore ce titre, et entr'elles, suivant la date de leurs brevets.

VI. Il sera expédié à chacun de

ceux que le roi jugera à propos de pourvoir des places de commissaire des guerres, un brevet de nomination contresigné par le ministre de la guerre, sur lequel brevet seront expédiées des provisions par le ministre de la justice. Il en sera de même lorsqu'un commissaire ordinaire passera à une place d'auditeur ou d'ordonnateur, soit à titre d'ancienneté, soit en conséquence du choix du roi, ainsi qu'il sera dit ci-après.

VII. Avant d'exercer les fonctions de commissaire ordinaire-auditeur ou ordonnateur, le pourvu sera tenu de prêter serment, d'abord devant le tribunal du district, et ensuite devant le directoire du département du chef-lieu de la cour martiale. Il adressera de suite une expéditon de l'acte de la prestation de serment devant le tribunal, à tous les commissaires du roi auprès des autres tribunaux de district, compris dans l'étendue de la même cour martiale, et une expédition de l'acte de sa prestation de serment devant le directoire du département, à tous les procureurs-généraux-syndics des autres départemens compris dans l'étendue de la même cour martiale, pour qu'à la diligence des uns et des autres, ces actes de serment soient enregistrés aux greffes de leurs tribunaux, et aux secrétariats de leurs départemens respectifs.

VIII. Lorsque le pourvu prêtera son serment, il y sera présenté l'audience tenante, par le premier en grade ou le plus ancien des commissaires des guerres employés dans le ressort de la cour martiale, et par une députation de militaires, à la tête de laquelle se mettra le commandant en chef, et qu'il composera du nombre d'officiers, sous-officiers et soldats qu'il croira convenable, en obſervant qu'il y en ait de tous les grades et de tous les corps en activité dans le lieu. La présentation au directoire du département dont les séances ne sont pas publiques, se ſera par le même commissaire des guerres et par un des principaux membres de la députation militaire, qui sera nommé à cet effet par le commandant en chef.

IX. Après que le pourvu aura prêté son serment au tribunal de district et au directoire de département, le commandant militaire du chef-lieu de la cour martiale le fera reconnoître par les troupes ; elles seront à cet effet réunies avec leurs drapeaux, étendards et guidons. Le commandant fera battre un ban et porter les armes ; il se placera en avant du centre avec le commissaire des guerres et le pourvu. Le commissaire des guerres lira les provisions données par le roi ; ensuite le pourvu prononcera à haute voix le serment de maintenir de tout son pouvoir la constitution du royaume décrétée par l'assemblée nationale et acceptée par le roi, d'être fidèle à la nation, à la loi et au roi, et de remplir avec exactitude et impartialité les fonctions de son office. Cela fait, le commandant militaire ôtera son chapeau, le remettra, et dira à haute voix, « Messieurs, nous reconnoissons M. tel, pour commissaire ordinaire des guerres, ou bien pour commissaire-ordonnateur des guerres, grand juge militaire, et en cette qualité nous promettons, comme bons citoyens et braves militaires, de respecter les pouvoirs qui lui sont délégués par la loi et conférés par le roi. « Les troupes défileront ensuite devant le nouveau commissaire des guerres; et s'il est auditeur ou ordonnateur, le commandant militaire ordonnera de présenter les armes, immédiatement après avoir prononcé l'engagement de le reconnoître.

TITRE VI.

Du traitement des commissaires supprimés qui ne seront pas compris dans la premiere nomination.

ARTICLE PREMIER.

Le commissaires des guerres actuellement en exercice, qui ayant plus de soixante-dix ans d'âge, ne pourront être employés, et ceux âgés de trente ans au moins, qui ne voudront plus continuer leurs services, auront pour retraite autant de cinquantiemes parties de leurs appointemens qu'ils comptent d'années de service pleines et révolues, sans qu'en aucun cas la retraite des ordonnateurs puisse excéder six mille livres, et celle des autres commissaires trois mille livres.

II. Les années passées dans les troupes et dans les bureaux de la guerre ou des intendances, seront comptées pourvu qu'elles soient bien vérifiées, et qu'il n'y ait pas eu plus d'une année d'interruption entre l'un ou l'autre de ces services et celui de commissaire des guerres. Une campagne à l'armée en qualité de soldat, d'officier ou de commissaires, équivaudra à deux ans.

III. Les commissaires des guerres réformés en 1788, auxquels l'activité a été conservée avec promesse de remplacement, et qui ne seront pas compris dans la premiere nomination, auront pour retraite, au lieu du traitement qui leur avoit été accordée, et qui cessera à compter du 1er. juillet 1791, autant de cinquantiemes parties de leurs anciens appointemens, qu'ils avoient d'années de service en 1788, en suivant d'ailleurs les regles prescrites par les deux articles précédens.

IV. Ceux des commissaires des guerres supprimés par le présent décret, ou réformés en 1788 avec réserve d'activité, qui ne seront pas compris dans la premiere nomination, et qui ont à présent vingt-quatre années de service pleines et révolues, soit dans les troupes, soit en qualité de commissaires des guerres, auront la décoration militaire en se retirant ; et s'ils n'ont pas à présent leur tems de service complet, ils recevront la décoration milisaire à l'époque où ils auroient eu vingt-quatre années pleines et révolues.

TITRE VII.

Des regles qui seront observées à l'avenir, pour l'admission aux places de commissaire des guerres.

ARTICLE PREMIER

A l'avenir, les sujets qui aspireront aux places de commissaires des guerres, se feront inscrire avant le 1er. juillet, chez le commissaire-ordonnateur dans le territoire duquel ils résident. Le commissaire-ordonnateur demandera pour eux au ministre, dans les quinze premiers jours de juillet, des lettres d'examen, qui ne pourront leur être refusées sous aucun prétexte.

II. D'après les demandes que le ministre de la guerre aura reçues, il déterminera s'il doit être ouvert un ou plusieurs examens, et dans quelles villes ils doivent l'être, eu égard au nombre et à la situation du domicile des aspirans, pour que leur déplacement leur soit le moins à charge qu'il sera possible.

III. Dans les huit premiers jours d'août, le ministre fera parvenir aux ordonnateurs les lettres d'examen qu'ils lui auront demandées; elles feront mention du lieu où chaque aspirant devra se rendre pour être examiné. Les commissaires-ordonnateurs les feront remettre sans retard, et donneront avis des ordres du ministre pour la tenue de l'examen, tant au directoire du département du lieu où il doit se faire, qu'au commandant en chef de la division militaire.

IV. Dans la ville désignée pour l'examen, se réuniront, le 14 septembre, les examinateurs au nombre de neuf; savoir, le commissaire-ordonnateur, le commissaire-auditeur, et le plus ancien des commissaires ordinaires attachés à la division militaire dans l'étendue de laquelle se fera l'examen, trois officiers supérieurs ou capitaines en activité, nommés par le commandant en chef de la division, et trois citoyens membres d'un corps administratif ou d'un corps municipal, nommés par le directoire du département.

V. L'examen s'ouvrira le 15 septembre dans une salle de la maison commune du lieu; les examinateurs seront sous la présidence du commissaire-ordonnateur, grand juge militaire, ayant à sa droite le commissaire-auditeur qui fera les fonctions de rapporteur, et à sa gauche le commissaire ordinaire qui fera celles de secrétaire. Les examinateurs civils et militaires se rangeront ensuite de droite et de gauche, sans observer aucun rang entr'eux. Le public ne sera point admis à l'examen, mais seulement au rapport et au jugement des titres d'admission, ainsi qu'il va être dit.

VI. Les aspirans appelés tous ensemble présenteront l'un après l'autre, et remettront sur le bureau, leurs titres d'admission, savoir; 1°. leur lettre d'examen; 2°. leur acte de naissance pour constater qu'ils ont plus de dix-huit et moins de vingt-trois ans d'âge; 3°. un certificat de leur inscription sur les registres de la garde nationale de leur domicile, et s'ils ont atteint leur vingt-unieme année, l'acte de leur inscription civique, sinon l'attestation que la cérémonie de l'inscription civique n'a pas eu lieu dans leur domicile depuis qu'ils ont atteint leur vingt-unieme année; 4°. un certificat soit d'études, soit d'examen dans les écoles nationales, par lequel il soit atteste qu'ils ont les connoissances élémentaires que peuvent acquérir en suivant les écoles, les jeunes gens destinés à remplir des fonctions judiciaires, administratives & militaires, et notamment qu'ils savent l'une des deux langues Allemande ou Angloise; 5°. une attestation de bonne conduite, à eux donnée par la municipalité ou les municipalités du lieu ou des lieux dans lesquels ils ont résidé depuis l'âge de 15 ans, certifiée tant par les juges de paix que par les officiers de gendarmerie nationale exerçant la police dans ces mêmes lieux.

VII. Le commissaire-auditeur fera successivement en présence du public et de tous les aspirans, le rapport de leurs titres. Les aspirans dont les titres ne seront pas trouvés en bonne forme ou seront jugés insuffisans à la pluralité des voix des examinateurs, seront renvoyés; les autres seront avertis de se présenter à l'examen selon leur rang d'âge.

VIII. L'examen doit rouler 1°. sur

sur la constitution, la division et l'organisation des différens pouvoirs; 2°. sur les loix et réglemens militaires, notamment celles ou ceux concernant la composition des différens corps dans les différentes armes, le recrutement, les congés, la forme des revues, la discipline intérieure, les regles établies pour chaque partie d'administration militaire et pour la comptabilité; 3°. enfin, sur les loix criminelles en général, mais plus particulièrement sur les formes de procéder dans les cours martiales, et sur l'application tant des punitions aux fautes de discipline, que des peines légales aux crimes et délits.

IX. Avant l'ouverture de l'examen, les examinateurs prépareront entr'eux sur chacune des trois divisions marquées par l'article précédent, un nombre de questions égal à celui des aspirans multiplié par quatre. L'état de toutes ces questions, arrêté et signé par les examinateurs, restera entre les mains du commissaire, faisant les fonctions de secrétaire. L'ordonnateur en fera passer la copie au ministre, en lui envoyant le procès-verbal de l'examen.

X. Il y aura sur le bureau, à l'entour duquel les examinateurs seront rangés, trois urnes dans chacune desquelles seront déposées les questions préparées par les administrateurs ; sur l'une des trois divisions marquées par l'article VIII du présent titre, chaque question sera écrite sur un papier séparé ; tous ces papiers seront exactement de même qualité et de même format.

XI. L'aspirant en tour d'être examiné, tirera de chacune des trois urnes trois questions qu'il posera sur la table ; chacun des examinateurs en prendra une au hasard ; le président et ensuite chacun des autres examinateurs, en passant alternativement de sa droite à sa gauche, proposera la question qui lui sera échue. L'aspirant pourra répondre debout ou assis, comme il le jugera à propos.

XII. Non-seulement il est libre, mais il est recommandé à chaque examinateur de proposer les questions incidentes par lesquelles un aspirant peut être conduit, soit à bien saisir le sens des questions principales, soit à donner un plus grand développement à ses réponses.

XIII. Aussi-tôt qu'un aspirant aura été examiné et qu'il se sera retiré, on procédera à son jugement par la voie du scrutin, comme il suit. Sur une table placée à la plus grande distance possible du bureau des examinateurs, il y aura une boîte de scrutin garnie d'un très-grand nombre de boules blanches, rouges et noires; les blanches chargées du chiffre 3, les rouges, du chiffre 2, et les noires, du chiffre 1.

Chaque examinateur, dans l'ordre où il aura proposé sa question, se levera de sa place et ira successivement à la table du scrutin, où il déposera dans la boîte, l'une des boules blanches, rouges ou noires, selon ce qui lui conviendra le mieux, en observant que les boules blanches sont pour accepter, les rouges, pour différer, & les noires pour rejeter. Le dernier votant apportera la boîte du scrutin devant le président; elle sera ouverte et les boules comptées: s'il s'en trouve neuf, le scrutin sera bon, s'il s'en trouve plus ou moins de 9 le scrutin sera recommencé jusqu'à ce qu'il soit régulier.

XIV. Le scrutin étant régulier, on additionnera les points marqués sur les boules: si le total des points est de vingt-un ou au-dessus, l'aspirant sera reçu; si le total des points est de quinze ou plus jusqu'à vingt, l'aspirant sera renvoyé à un nouvel examen; si le nombre des points est inférieur à quinze, l'aspirant sera refusé.

XV. L'aspirant renvoyé à un nouvel examen, mais qui aura eu dix-neuf, ou vingt points, pourra demander une seconde épreuve, c'est-à-dire, d'être réexaminé dans la même session, après tous les autres aspirans, ce qui lui sera toujours accordé. Le second examen subi dans la même session, ne sera compté que pour un seul et même avec le premier.

XVI. L'aspirant renvoyé à un nouvel examen, et qui n'aura pas réussi dans la seconde épreuve, ou qui ne l'aura pas demandée, ne pourra se représenter qu'à la prochaine session ; et alors s'il n'est pas définitivement reçu, il sera définivement refusé : bien entendu qu'en ce cas l'aspirant ne pourra être écarté du second examen, sous prétexte qu'il auroit passé sa vingt-troisieme année.

XVII. L'aspirant refusé, mais qui aura eu treize ou quatorze points, pourra aussi demander une seconde épreuve, c'est-à-dire, d'être réexaminé dans la même session après tous les autres aspirans, ce qui lui sera toujours accordé. Le second examen qu'il subira dans la même session, ne sera non plus compté que pour un seul et même avec le premier. Mais si le résultat de la seconde épreuve est de renvoyer l'aspirant à un nouvel examen, il ne pourra profiter des dispositions de l'article XV.

XVIII. Le procès-verbal de l'examen signé de tous les examinateurs, et faisant mention de chaque scrutin particulier, sera envoyé au ministre, qui rendra publique la liste de tous les aspirans reçus, rangés suivant l'ordre que leur assignera sur cette liste le nombre de points qu'ils auront obtenus, et à nombre de points égal, leur ancienneté d'âge. La liste de chaque année, formée de la même maniere, sera ajoutée à celle de l'année précédente, s'il y a lieu.

XIX. Les aspirans reçus parviendront aux places de commissaires des guerres vacantes, suivant l'ordre de leur inscription sur la liste générale mentionnée dans l'article précédent, pourvu qu'ils aient atteint l'âge de vingt-cinq ans, et que depuis leur examen ils ayent continué à travailler sans interruption dans les bureaux, et sous les ordres d'un commissaire des guerres, ordonnateur, auditeur ou ordinaire, auquel cas ils auront le titre d'aides-commissaires. Il sera fait mention expresse de l'accomplissement de cette condition dans les brevets de nomination à la place de commissaire des guerres, et dans les provisions qui seront expédiées en conséquence.

XX. Néanmoins les aspirans reçus, qui depuis l'examen entreront au service en qualité de soldat ou d'officier, ne seront pas censés avoir interrompu leur cours d'instruction, et pourront, ainsi que les aides-commissaires, prendre à leur tour la place de commissaire des guerres qui leur écherra, pourvu qu'ils aient atteint l'âge de vingt-cinq ans, et qu'ils aient été constamment employés depuis leur entrée dans le corps, aux détails de l'administration et de la comptabilité, ce qu'ils devront justifier par une attestation du conseil d'administration du régiment dont il sera fait mention expresse dans le brevet de nomination, ainsi que dans les provisions.

XXI. Les aspirans reçus seront susceptibles, encore qu'ils ne soient pas actuellement au service, d'être choisis par les conseils d'administration des régimens, pour remplir la place de quartier-maître ; mais ceux qui l'auront acceptée, cesseront dès-lors d'être sur la liste mentionnée en l'article XVIII du présent titre, et ne pourront plus prétendre aux places de commissaires-des guerres.

XXII. Lorsqu'une place de commissaire des guerres vaquera, et que le sujet en tour pour l'obtenir n'aura pas encore atteint l'âge compétent, la place sera donnée au suivant dans l'ordre de la liste, s'il a lui-même l'âge compétent. En pareil cas, celui ou ceux qui n'auront pas passé à leur tour faute d'âge, garderont leur rang sur la liste des aspirans ; et lorsqu'ils parviendront à la suite à une place de commissaire des guerres, ils le reprendront sur ceux qui les avoient précédés.

XXIII. Toutes les fois qu'il restera sur la liste des aspirans plus de sujets que n'en exigent les remplacemens probables pendant deux ans, le ministre pourra suspendre les examens pendant une ou deux années au plus.

XXIV. Les commissaires des guerres et les éleves-commissaires de toute classe, supprimés par le présent décret, qui n'ayant pas atteint leur vingt-cinquieme année n'auront pu obtenir leur remplacement actuel, et qui voudront se présenter à l'un des trois premiers examens, le pourront quel que soit leur âge, et sans être obligés de présenter aucun certificat d'étude ou d'examen dans les écoles nationales; il leur suffira de produire avec les autres pieces énoncées dans l'article VI du présent titre, la preuve qu'ils étoient ci-devant commissaires des guerres ou éleves-commissaires. Ceux qui seront reçus, seront placés les premiers sur la liste de leur examen, et y prendront entr'eux le rang d'ancienneté qu'ils avoient dans le corps supprimés ; ils seront dispensés de l'obligation de continuer leur cours d'instruction, soit chez les commissaires des guerres, soit dans les régimens, à compter de leur examen jusqu'à leur remplacement effectif.

TITRE VIII.

Des regles qui seront observées à l'avenir pour l'avancement des commissaires des guerres.

ARTICLE PREMIER.

Les commissaires - auditeurs seront toujours pris au choix du roi, parmi les commissaires ordinaires ayant dix ans de service en cette qualité, et au moins trente - cinq d'âge.

II. Sur quatre places d'ordonnanateurs qui viendront à vaquer, la premiere sera donnée au plus ancien commissaire-auditeur, la seconde à tel commissaire ordinaire que le roi voudra choisir, pourvu qu'il ait dix ans de service en cette qualité, et au moins trente-cinq ans d'âge; la troisieme au plus ancien commissaire ordinaire; la quatrieme à tel commisaire ordinaire que le roi voudra choisir, pourvu qu'il ait dix ans de service en cette qualité, et au moins trente-cinq ans d'âge.

III Celui qui sera nouvellement appelé au grade d'auditeur ou d'ordonnateur, ne sera pas nécessairement attaché à la même cour martiale que son prédécesseur; en ce cas, le ministre pourra faire, pour le plus grand intérêt du service, les dispositions qu'il jugera convenables, pourvu qu'en temps de paix il n'opere le déplacement d'aucun ordonnateur ou auditeur que de son consentement exprès.

IV. Lorsqu'un auditeur ou un ordinaire refuseront la place supérieure à laquelle ils seront appelés par droit d'ancienneté, leur tour sera passé sans qu'ils puissent jamais le reprendre, et la place à laquelle ils étoient appelés sera dévolue au plus ancien après eux. Il en sera de même par rapport aux aspirans qui refuseront la place de commissaire ordinaire.

TITRE IX.

Des appointemens des commissaires des guerres.

ARTICLE PREMIER.

Sous la dénomination générale d'appointement, seront aussi compris les fourrages, logement et frais de bureaux.

II. Les vingt-trois commissaires-ordonnateurs seront divisés en trois classes relativement à leurs appointemens: les sept plus anciens dans ce grade auront dix mille huit cents livres chacun, les huit suivans neuf mille six cents livres chacun, et les huit derniers huit mille sept cents livres chacun.

III. Les vingt-trois commissaires-auditeurs seront divisés en trois classes relativement à leurs appointemens : les sept plus anciens dans ce grade auront sept mille huit cents livres chacun, les huit suivans six mille neuf cents livres chacun, les huit derniers six mille livres chacun.

IV. Les cent trente-quatre commissaires ordinaires seront divisés en cinq classes relativement à leurs appointemens ; les dix plus anciens de ce grade auront quatre mille huit cens livres chacun, les vingt suivans quatre mille deux cens livres chacun, les trente ensuite trois mille six cens livres chacun, les cinquante qui viennent après auront trois mille livres chacun ; enfin les vingt-quatre derniers auront chacun deux mille quatre cens livres.

V. Il sera distribué chaque année aux aides-commissaires qui montreront le plus d'exactitude et de zele dans les bureaux des commissaires-ordonnateurs, auditeurs et ordinaires auxquels ils seront attachés, des gratifications de quatre cents livres au moins, de huit cents livres au plus, jusqu'à la concurrence d'un total de vingt-deux mille six cents livres. Ces gratifications ne pourront être accordées par le ministre, que sur la demande que lui en feront les ordonnateurs, auditeurs et ordinaires, pour les aides-commissaires qui travailleront dans leurs bureaux.

VI. Les appointemens des commissaires-ordonnateurs, auditeurs et ordinaires seront payés sur le pied fixé par le présent décret, à dater du 1er. octobre prochain, par le payeur des dépenses de la guerre, comme la solde et les appointemens des troupes.

VII. La correspondance des commissaires-ordonnateurs, auditeurs et ordinaires entr'eux et avec les officiers généraux et commandans en chef dans toute l'étendue de la même division militaire, et celle des ordonnateurs et auditeurs entre eux dans toute l'étendue du royaume, se feront gratuitement par la poste, pour tous les objets relatifs au service ; auquel cas les paquets devront toujours être sous deux bandes de papier croisées.

VIII. Il est séverement défendu de comprendre dans les paquets aucune lettre, billet, papier ou chose quelconque étrangere au service ; il sera libre aux préposés de l'administration des postes d'exiger que l'ouverture et la vérification s'en fassent en leur présence, lorsqu'ils le jugeront à propos, ce qui ne pourra leur être refusé sous aucun prétexte. En cas de contravention, les commissaires des guerres seront traduits devant les tribunaux, et condamnés à cent écus d'amende, et au double s'il y a récidive.

TITRE X.

Des récompenses et retraites auxquelles les commissaires des guerres auront droit à l'avenir.

ARTICLE PREMIER.

Les commissaires des guerres seront susceptibles de la décoration militaire, à la même époque et aux mêmes conditions que les officiers des troupes de ligne.

II. Ceux qui se retireront à l'avenir ayant trente ans de service, auront pour retraite le quart de leurs appointemens; chaque année de service au-delà de trente jusqu'à cinquante, emportera de plus une vingtieme partie des trois autres quarts.

III. Les appointemens dont jouira un commissaire-ordonnateur ou un commissaire-auditeur, au moment de sa retraite, ne deviendront la regle de son traitement, qu'autant qu'il auroit servi deux ans dans ce grade ; autrement la retraite sera fixée sur le pied des derniers appointemens dont il jouissoit avant d'être auditeur ou ordonnateur.

IV. Les services des commissaires des guerres dateront du jour qu'ils auront été reçus à l'examen prescrit par le titre VII du présent décret ; les campagnes de guerres qu'ils auront faites, leur seront comptées pour deux ans.

TITRE XI.

De l'uniforme des commissaires des guerres.

ARTICLE PREMIER.

Les commissaires des guerres porteront l'habit de couleur écarlate, le collet renversé, bleu, la doublure bleue, la veste et la culotte blanche ; boutons de cuivre dorés, conformes au modele actuel, avec ces mots dans le milieu : *la Loi* des brandebourgs en or sur l'habit, avec des houpes ou franges.

Les ordonnateurs et les auditeurs auront une broderie de six lignes sur l'habit. Les ordonnateurs seront distingués par la double broderie sur le parement et sur la poche; au lieu d'épaulettes, seront placées, une, deux ou trois ganses d'or de chaque côté, suivant le grade d'ordinaire, d'auditeur ou d'ordonnateur.

Tous porteront le chapeau retapé à l'ordinaire, avec la cocarde nationale, les ordinaires sans plumet, les auditeurs avec le plumet noir, et les ordonnateurs avec le plumet blanc.

La dragonne de l'épée en or avec le gland garni de cordes à puits, pour les ordonnateurs et les auditeurs; le cordon de ceux-ci liseré en blanc et rouge aux deux extrémités. Les ordinaires porteront la dragonne en or avec un liseré bleu et rouge au milieu du cordon, et le gland orné d'une frange à graine d'épinards.

Les aides-commissaires porteront le même uniforme que les commissaires ordinaires, mais sans brandebourgs, sans ganse; la dragonne de leur épée sera tissue de parties égales d'or et de soie bleue et rouge; le gland sera orné d'une frange semblable au cordon.

III. Lorsque les commissaires des guerres de tout grade seront en fonctions, soit à la cour martiale, soit devant une troupe armée, ils porteront le même ruban et la même médaille dont les juges sont décorés, et seront en bottes et en éperons.

TITRE XII.

Des honneurs à rendre aux commissaires des guerres.

ARTICLE PREMIER.

L'ordre et le mot seront portés tous les jours par un sergent, au commissaire-ordonnateur et au commissaire-auditeur, lorsqu'ils seront dans une place de leur ressort; et s'il n'y a pas de commissaire-ordonnateur ni de commissaire-auditeur dans la place, au plus ancien des commissaires ordinaires y résidant; les autres iront prendre l'ordre et mot chez l'ordonnateur, ou à son défaut chez l'auditeur, et à défaut de l'un et de l'autre, chez l'ancien des ordinaires.

II. Les commissaires des guerres seront traités relativement aux honneurs militaires dans toutes circonstances, savoir; les ordonnateurs, comme les colonels; les auditeurs, comme les lieutenans-colonels, et les commissaires ordinaires, comme les capitaines.

III. Les commissaires des guerres n'infligeront eux-mêmes aucune punition à un militaire en activité dans leur ressort, s'il y est avec son corps ou une troupe dont il fasse partie; mais en ce cas, lorsqu'ils auront des plaintes individuelles à porter contre un militaire, ils en préviendront son chef immédiat, qui sera tenu de punir le contrevenant, et responsable s'il ne le punit pas. On observera toujours, pour régler la punition, l'assimilation établie par l'article précédent.

TITRE XIII.

De ce qui sera particulierement observé en cas de campement et de guerre.

ARTICLE PREMIER.

Lorsque les troupes camperont dans l'intérieur du royaume en temps de paix, elles resteront soumises à la juridiction de la cour martiale dans l'étendue de laquelle le camp sera assis ; cependant les détails de l'administration militaire du camp et des troupes qui l'occupent, pourront être confiés à tel commissaire-ordonnateur, et à tels commissaires ordinaires des guerres que le roi voudra désigner pour cet objet.

II. En temps de guerre, le roi fixera le nombre des cours martiales qui seront nécessaires pour chaque armée, lorsqu'elle sera hors du royaume. La juridiction de chacune de ces cours martiales s'étendra sur toutes les troupes étant immédiatement sous les ordres d'un même officier général, et sur tous les lieux qu'elles occuperont.

III. Le roi choisira sur tous les commissaires employés dans le royaume, ceux qu'il jugera à propos d'envoyer à l'armée. Le supplément d'appointement qu'ils seront dans le cas d'obtenir, fera partie des dépenses extraordinaires qui seront proposées au corps législatif et par lui décrétées.

IV. Lorsque les armées rentreront dans le royaume, les personnes nommées par le roi pour exercer, pendant la guerre, les fonctions de greffiers des cours martiales, seront tenues de remettre dans le délai de trois mois, au greffe de la municipalité du chef-lieu de la cour martiale par laquelle ils seront rentrés en France, tous les papiers et dépôts dont ils étoient chargés comme greffiers de la cour martiale.

V. Les commissaires des guerres, sous prétexte d'anciennes loix, ordonnances, coutumes et usages, ne pouront réclamer aucun privilége particulier, ni faire valoir d'autres droits que ceux qui leur sont précisément accordés par le présent décret.

TABLE
DES DÉCRETS
Contenus dans le code militaire.

www.ingramcontent.com/pod-product-compliance
Ingram Content Group UK Ltd.
Pitfield, Milton Keynes, MK11 3LW, UK
UKHW021136260726
13994UKWH00001B/162